汉英语言中
"程度副词+名词" 构式的对比研究

A COMPARATIVE STUDY ON THE CONSTRUCTION OF
"DEGREE ADVERB + NOUN" IN CHINESE AND ENGLISH

陈吕芳　著

黑龙江教育出版社

图书在版编目（CIP）数据

汉英语言中"程度副词+名词"构式的对比研究 / 陈
吕芳著. -- 哈尔滨 ： 黑龙江教育出版社，2024. 6.
ISBN 978-7-5709-4388-3

Ⅰ. H146；H314

中国国家版本馆CIP数据核字第20243J9D74号

汉英语言中"程度副词+名词"构式的对比研究

HANYING YUYAN ZHONG"CHENGDU FUCI+MINGCI"GOUSHI DE DUIBI YANJIU

陈吕芳　著

责任编辑	李中苏	
封面设计	刁钰宸	
责任校对	赵美欣	
出版发行	黑龙江教育出版社	
	（哈尔滨市道里区群力第六大道 1313 号）	
印　　刷	黑龙江天宇印务有限公司	
开　　本	787 毫米×1092 毫米　1/16	
印　　张	13. 25	
字　　数	200 千	
版　　次	2024 年 6 月第 1 版	
印　　次	2024 年 6 月第 1 次印刷	

书　　号　ISBN 978-7-5709-4388-3　　**定　　价**　68. 00 元

黑龙江教育出版社网址:www.hljep.com.cn

如需订购图书,请与我社发行中心联系。联系电话:0451-82533087　82533097
如有印装质量问题,影响阅读,请与我公司联系调换。联系电话:18946153030
如发现盗版图书,请向我社举报。举报电话:0451-82533087

前　言

　　语言，作为人类沟通与表达的桥梁，其背后的结构与规则反映了不同文化的深层内涵。在众多语言现象中，"程度副词+名词"的构式无疑是一个颇具特色的存在。这种构式不仅丰富了语言的表达形式，更在一定程度上反映了语言使用者的思维方式和文化特色。因此，对汉英两种语言中"程度副词+名词"的构式进行对比研究，不仅有助于我们深入了解这两种语言的共性与差异，更能为我们理解不同文化背景下的思维方式提供新的视角。

　　汉语和英语，作为世界上使用人数最多、影响最为广泛的两种语言，其语法结构、词汇意义及表达方式都各有特色。在汉语中，"程度副词+名词"的构式相当常见，这种构式在表达程度的同时，也赋予了名词新的含义，使语言更加生动、形象。在英语中，虽然也有类似的构式，但其在使用频率、语义表达及文化内涵等方面与汉语存在一定的差异。

　　本书围绕"汉英语言中'程度副词+名词'构式的对比研究"这一主题，由浅入深地阐述了汉语构式语法、英语构式语法，系统地论述了"程度副词+名词"组合、汉英"程度副词+名词"结构的静态对比分析、汉英"程度副词+名词"结构的动态对比分析，深入研究了"程度副词+名词"结构的对外汉语教学思考与建议。

　　本书旨在通过对比汉英两种语言中"程度副词+名词"的构式，揭示其在语法结构、语义表达及文化内涵等方面的异同。本书首先分析这两种语言中程度副词和名词的类别与特点，其次探讨它们如何构成这一特殊的语言现象。此外，笔者结合具体的语料，分析这种构式在两种语言中的实际运用情况，以及它们所反映出的文化特色和思维方式。

通过本书，笔者期望能够更深入地理解汉英两种语言中"程度副词+名词"构式的本质与特点，为语言学研究提供新的视角和思路。同时，也希望本书能够为跨文化交流和语言教学提供有益的参考，帮助人们更好地理解和运用这两种语言。

在本书中，笔者采用了定性与定量相结合的研究方法，对大量的语料进行深入的分析和对比。笔者相信，通过不懈的努力和严谨的研究，"程度副词+名词"这一语言现象将会得到更多更好的解释，为语言学的发展贡献一点力量。

陈吕芳

2024 年 6 月

目　录

第一章 汉语构式语法

第一节 构式的基本内涵及其范围

一、汉语构式的基本内涵

汉语，作为世界上最古老、最丰富、最具有生命力的语言之一，其构式体现了深厚的文化底蕴和独特的表达艺术。所谓构式，指的是语言中一种特定的"形式—意义配对"，这种对应关系由简单的字面组合，却蕴含丰富的内涵和独特的表达效果。汉语构式是指汉语中用来表达特定意义和功能的固定或半固定的语言结构。这些构式可能包括词语、短语、句子甚至更大的语言单位，它们通过特定的排列组合，形成具有特定含义和功能的表达形式。

汉语构式的基本内涵可以从以下四个方面来理解。

首先，汉语构式具有独特的结构形式。汉语的句子结构灵活多变，不受严格的主谓宾结构束缚，这使汉语构式在形式上呈现出多样性的特点。例如，汉语中的动词可以放在句首、句中或句末，构成不同的表达效果。此外，汉语的定语、状语等修饰成分也可以灵活排列，形成各种独特的句式结构。

其次，汉语构式蕴含丰富的意义内涵。构式的意义不是其组成成分意义的简单相加，而是通过特定的形式表达出的整体意义。这种整体意义往往超越了字面意思，蕴含说话人的情感、态度、价值观等深层次的信息。例如，汉语中的成语、俗语等固定短语，虽然由简单的词汇组成，但蕴含丰富的文化内涵和深刻的人生哲理。

再次，汉语构式的独特性体现在其不可预测性。这意味着我们不能仅通过分析构式的组成成分或已建立的构式来完全预测其意义或功能。汉语构式的这种不可预测性正是其魅力所在，它使汉语表达更加灵活多变、富有创意。

最后，汉语构式体现了语言的创造性和发展性。随着社会的不断进步和文化的不断发展，汉语构式也在不断创新和演变。新的构式不断出现，旧的构式也在不断演变和完善。这种创造性和发展性使汉语构式能够不断适应新的社会环境和文化需求，保持其旺盛的生命力。

综上，汉语构式是一种独特而富有魅力的语言现象。它通过独特的结构形式、丰富的意义内涵、不可预测性及创造性和发展性等体现了汉语的独特魅力。因此，在学习和使用汉语的过程中，我们应该充分重视构式的作用和价值，善于运用各种构式来表达自己的思想和情感，从而更好地传承和发扬汉语文化的精髓。

二、汉语构式作为语法单位存在的理据

汉语，作为世界上最古老且独特的语言之一，其语法体系既复杂又富有规律性。在汉语的语法系统中，构式作为一种重要的语法单位，扮演着不可或缺的角色。构式不仅承载了丰富的语义信息，还体现了汉语语法的独特魅力。本小节将探讨汉语构式作为语法单位存在的理据，特别是其提供与词项无关的语义这一特性。

汉语构式作为语法单位存在的理据之一，在于其能够提供与词项无关的语义。在汉语中，一个词项往往具有固定的意义和用法，但构式则不同。构式所表达的语义往往超出了其组成词项本身的意义范畴，是通过词项之间的组合关系和语法结构来实现的。这种超越词项本身的语义表达，使构式能够传递更为丰富、复杂的信息，从而满足语言交际的多样化需求。

以汉语中的固定构式为例，"一……就……"的结构，它表示两个动

作或状态之间的紧密联系。在这个构式中，"一"和"就"作为词项，本身并没有直接的语义关联，但当它们组合在一起时，就形成一个具有特定语义的构式。这种构式可以表达诸如条件、因果、顺序等复杂的语义关系，使语言表达更加精确和生动。

此外，汉语构式还能够通过特定的语法结构来表达特定的情感色彩和语气。例如，通过调整句子的语序、使用不同的助词或语气词等，可以构建出具有不同情感色彩的构式。这些构式在表达上往往更加委婉、含蓄或强烈，从而能够更好地传达说话人的情感态度。

综上，汉语构式作为语法单位存在的理据在于其能够提供与词项无关的语义。通过构式，汉语能够表达更为丰富、复杂的信息和情感色彩，从而满足语言交际的多样化需求。因此，在汉语的学习和研究中，我们应该充分重视构式的作用和价值，深入探究其背后的语法规则和语义内涵。

三、汉语构式的范围

汉语，作为世界上最古老且持续使用的语言之一，其独特的语法和构式赋予了汉语丰富的表达力和深厚的文化内涵。探讨汉语构式的范围，不仅有助于我们深入理解汉语的语言特性，也能为我们提供更广阔的视角去欣赏汉语的美。

在汉语中，构式的范围极为广泛。

首先，从词语层面来看，汉语有着丰富的成语、俗语、歇后语等固定词组，这些词组通过特定的词语组合，传达出特定的含义和情感色彩。例如，"画蛇添足"用来形容做事多此一举，反而坏事；"井底之蛙"则用来比喻见识短浅的人。

其次，短语和句子层面的构式也是汉语构式的重要组成部分。这些构式可能包括主谓结构、动宾结构、偏正结构等，通过不同的语序和词汇选择，可以表达出不同的意义和情感。例如，"我爱你"和"你爱我"虽然只有语序的不同，但表达的含义却不同。

再次，汉语中还有一些更大的语言单位构成的构式，如篇章结构、对话模式等。这些构式在一定程度上影响了汉语的表达和理解，也体现了汉语文化的独特之处。

最后，汉语构式的范围并非一成不变。随着社会的发展和语言的演变，新的构式会不断产生，旧的构式可能会逐渐消失或被替代。因此，对于汉语构式的研究和理解，需要我们保持开放和包容的态度，不断学习和探索。

总的来说，汉语构式的范围广泛而深邃，它既是汉语语言特性的体现，也是汉语文化的重要载体。通过深入研究和理解汉语构式，我们可以更好地欣赏汉语的美，也能更准确地理解和使用汉语，进一步推动汉语的发展和传播。

第二节　从语块的交际本质看语块的基本内涵

一、语块：语言处理的基石

（一）语块的定义

语块，作为语言处理的基本单位，对于理解语言的内在逻辑和构造具有重要意义。它指的是将一个完整的语段有效切分成若干个单位，每个单位都承载着特定的语义和语法功能。通过深入研究语块，我们不仅可以更深入地了解语言的运作机制，还可以为自然语言处理、机器翻译等领域提供有力的支持。

（二）语块的分类

语块可以根据其功能和结构特点进行多种分类。

首先，多元词语块是其中一类重要的语块。这类语块通常由多个词汇组成，表达一个完整或相对完整的意义。例如，"天气预报""环境污染"等，这些词语组合在一起，形成一个相对固定的表达单位，能够直接传达特定的信息。多元词语块的使用能够简化语言表达，提高交流效率。

其次，习俗语语块也是语块分类中的重要一类。习俗语语块通常指那些在社会文化背景下形成的固定搭配或习惯用法，它们往往承载着丰富的文化内涵和社会背景。比如，"画蛇添足""井底之蛙"等成语，它们通过形象的比喻和生动的表达，传递着深刻的思想和哲理。习俗语语块的使用不仅丰富了语言表达的形式，还增强了语言的表达力和感染力。

再次，短语架构语块也是语块的重要组成部分。这类语块通常由一些固定的词汇和语法结构组成，用于表达某种特定的概念或关系。例如，"在……中""对……来说"等短语结构，它们可以灵活地与不同的词汇搭配，形成具有特定意义的表达。短语架构语块的使用有助于提高语言表达的准确性和规范性。

最后，句子构建语块也是不可忽视的一类语块。这类语块主要涉及句子的整体结构和逻辑关系。它们通常由主语、谓语、宾语等句子成分组成，用于构建完整、通顺的句子。句子构建语块的研究有助于我们更好地理解句子的构成和逻辑关系，为句子的生成和理解提供有力的支持。

综上，语块作为语言处理的基本单位，具有多样性和复杂性的特点。通过对语块的深入研究和应用，我们可以更好地掌握语言的内在规律和特点，为自然语言处理、机器翻译等领域的发展提供有力的支持。同时，语块的研究也有助于我们更深入地了解语言的文化内涵和社会背景，促进不同文化之间的交流和理解。

二、语块的交际性质：在沟通与表达中的核心角色

在语言的运用和交际中，语块作为预制的语言单位，扮演着不可或缺的角色。语块不仅为语言的表达提供了便利，还在交际过程中发挥着重要的作用，使得交际更为流畅、准确和高效。

首先，语块具有高度的交际便利性。在实际的交际场景中，人们常常需要快速、准确地传达信息。语块，作为一种固定的、预制的语言结构，它使人们能够迅速地从记忆库中提取并使用，从而避免了在交际过程中因寻找合适的词汇或构造复杂的句子而耽误时间。这种便利性使语块在口语

表达、书面写作及各类交际活动中得到了广泛应用。

其次，语块有助于增强交际的准确性。由于语块是语言中常见的、固定的表达形式，它们往往承载着特定的语义和语用功能。因此，在交际过程中，使用语块能够更准确地传达信息，避免产生歧义或误解。例如，一些固定的问候语、礼貌用语及行业术语等，都是语块在交际中的具体应用，它们有助于确保信息的准确传达。

最后，语块还具有高效性。在交际过程中，使用语块可以减少语言的冗余和重复，使得表达更加简洁明了。同时，语块的固定性也使人们在交际中能够更快速地理解和响应对方的信息，从而提高交际的效率。

然而，需要注意的是，虽然语块在交际中具有诸多优势，但也不能过度依赖或滥用。过度使用语块可能导致语言表达过于机械和僵化，缺乏个性和创新。因此，在交际过程中，我们需要根据具体情况灵活运用语块，结合其他语言手段，以实现更加自然、流畅的交际效果。

综上，语块作为语言中的重要组成部分，在交际过程中发挥着不可替代的作用。它们具有高度的交际便利性、准确性和高效性，使人们能够更加快速、准确地传达信息，提高交际的效率。因此，我们应该充分认识和利用语块在交际中的优势，以更好地实现语言的交际功能。

三、基于语块的交际本质解读语块的基本内涵

语言，作为人类交际的核心工具，其内在结构和运作机制一直是语言学研究的重要领域。其中，语块作为语言交际中的基本单位，具有其独特的交际本质和基本内涵。

从交际本质的角度来看，语块是语言交际的基本单位。在日常交流中，人们并不是逐个单词地进行表达，而是倾向于使用预制的、固定的语块。这些语块，如同积木一般，可以被我们快速组合和调整，以适应不同的交际场合和目的。它们承载了丰富的语言信息和文化内涵，使语言交际变得更加高效、流畅。

具体来说，语块的基本内涵主要体现在以下三个方面。

首先，语块具有整体性和预制性。整体性意味着语块在语言中是一个不可分割的整体，其意义和功能不是单个词汇的简单相加，而是作为一个整体来发挥作用。预制性则是指语块是预先存在的、固定的语言结构，人们在交际中可以直接使用，无须临时构造。

其次，语块具有惯用性和情境性。惯用性是指语块的使用具有一定的习惯和规律，它们在特定的语境中反复出现，形成了固定的表达方式。情境性则是指语块的使用受到具体交际环境的影响，不同的场合和目的需要使用不同的语块。

最后，语块还具有多功能性。除了基本的表达功能，语块还可以传递情感、表达态度、构建话语结构等。它们在语言交际中发挥着重要的作用，使得交流更加丰富多彩。

综上，语块作为语言交际的基本单位，其交际本质和基本内涵体现在整体性、预制性、惯用性、情境性和多功能性等方面。对语块的研究不仅有助于我们深入理解语言的本质和运作机制，还可以为语言教学、翻译等领域提供有益的启示和指导。在未来的研究中，我们应继续深化对语块的探究，以更好地探索语言交际的奥秘。

四、语块在语言学习及运用中的重要作用

语块，作为语言学习中的一个重要概念，是指语言中固定或半固定的预制结构，它们可以是短语、词组、句子甚至更大的语言单位。语块的存在对于语言的学习和运用具有深远影响，尤其是在大脑存取调用、减轻认知难度、降低记忆压力及提高语言精准度等方面发挥着不可替代的作用。

首先，语块的存在极大地便利了大脑对语言的存取和调用。在语言使用中，大脑并不总是从零开始构建句子，而是倾向于从记忆中调取已经存储的语块。这些预制的语块使我们在表达时能够更快速、更准确地调用所需的语言资源，提高了语言运用的效率。同时，语块的使用也减少了语言处理中的错误，使得我们的表达更加流畅自然。

其次，语块的使用有助于减轻语言处理的认知难度。语言学习需要处

理大量的词汇和语法规则，这对于学生来说无疑是一个巨大的挑战。而语块作为一种预制的语言结构，包含词汇和语法规则的组合，使得学生能够以一个整体的形式来掌握和运用语言，从而降低了语言处理的难度。这种整体性的学习方式也有助于学生更好地理解和记忆语言知识。

再次，语块还有助于降低语言学习的记忆压力。传统的学习方式往往要求学生逐个记忆单词和语法规则，这不仅费时费力，而且容易忘记。而语块作为一种整体性的语言结构，使学生能够以一个较大的单位来记忆语言信息，从而减少了记忆量。同时，由于语块具有语境依赖性，它们通常与特定的情境或话题相关联，这使得记忆更加牢固，也更容易在实际交际中运用。

最后，语块的使用有助于提高语言使用的精准度。由于语块是语言中固定或半固定的结构，它们通常具有明确的含义和用法。因此，在学习和使用语块的过程中，学生能够更准确地理解和运用语言，减少误解和歧义的产生。这种精准度的提高不仅有助于提升学生的语言水平，也有助于他们在跨文化交际中更加有效地表达自己的思想和观点。

综上，语块在语言学习及运用中发挥着重要作用。它们不仅便于大脑进行存取和调用，减轻语言处理的认知难度，降低语言学习的记忆压力，还有助于提高语言使用的精准度。因此，在语言学习中，我们应该重视语块的学习和运用，通过掌握和运用语块来提高自己的语言能力和交际水平。

第三节　从语块与构式的关系看语块的属性

一、从语块与构式的关系看语块的构式性特征

关于语块的定义和内涵，可简要概括为有着一定形式和意义的语言单位。简言之，语块在本质上来说是一种比较常见的语言交际单位，往往以"形式—意义配对"的结构表现出来。由此可见，语块和构式在内涵上有

着一定的相似性和相通性。结合学界对构式语法定义的解读和经典认识可以得出，构式其实是一种特殊的"形式—意义配对"，不论是形式还是意义，都很难从组成成分的构式中直接获取。也就是说，假设一个语言结构体的形式表现出显著的独立性特征，那么我们就不能将其意义简单地认为是组成成分语义的堆积和重叠。不仅如此，在这种情况下，想要从其他语言构式中直接获取语块也是非常困难的。就一个完整的语言结构体来说，如果其可以呈现出这种独特的性质特征，那么我们就可以说这一语言结构体具有一定的构式性。随着学者对构式语法定义的深刻理解和解读，其"形式—意义配对"在原有的基础上得到了一定的扩展，进而演变为一种新的构式，即"形式—意义配对"。需要了解的一点是，这里提及的功能指的是语言的意义和用法。由此一来，只要是符合"形式—意义/功能配对体"这一条件的语言单位，都能够视为一个完整的构式。总之，我们在探讨语块的性质时，首先要做的是针对语块与构式之间的关系进行梳理和归纳，只有这样才能真正理解语块和构式的相同和不同之处。其次，学界在很早之前就开始尝试针对这两方面的相关课题展开深入的研究，不过并未涉及二者之间的关系讨论，所得出的结论有待商榷。

汉语学界很早就开始关注对语块的构式性特征的研究与探讨，并在这一领域取得了丰富的研究成果。段士平和余绮川等在研究中指出，应该从构式出发来针对语块的定义和应用展开研究。在他们看来，语块之所以能够作为构式体现相关功能，主要是因为其有着意型结合和整体编码提取特征等特点和属性。[①] 余文在研究中强调，我们很难从传统语法中发现应用效果良好的语块，要想找到合适位置的语块难度很大。不过，这些研究成果只能让我们了解语块理论相互之间的内在关系，很难在语块与构式之间的关系分析中发挥预期的作用。

一些学者在研究中尝试从句法出发来对构式和语块之间的关系进行探

---

① 余绮川：《认知框架下的语块研究》，《重庆科技学院学报（社会科学版）》，2008 年第 7 期。

讨和分析，并在这个过程中归纳出一种新的教学方法，即"构式—语块"教学法。除此之外，部分学者还在此基础上尝试对构式教学和语块教学进行有机结合，通过这种方式和方法来对汉语句式的教学模式进行优化升级。在笔者看来，类似相关的研究和探索有着重要的实践价值和理论意义，应该在相关领域的研究中推广开来。不过，如果只依据这种理论来研究语块和构式之间的关系，会导致其核心概念的解读和分析与一般语块理论出现偏差。根据苏文的实例分析结果可知，其中包含大量的构式，且都是典型的句式结构，更侧重于展现出句式的形式特征。在笔者看来，以往教学经验中的存现句教学大多数都按照"NP_1+V+NP_2"等相似的形式序列来展开一系列的教学活动；这里提及的语块其实指的是各种句式所对应的组成单元，强调语义上的约束，可准确描述出存现句的语义配置关系，即存在的处所、存在的方式及存在物。也就是说，这种认识和观点的提出在某种意义上再次界定了"构式"和"语块"的内涵，也明确了二者的所指。如苏文指出，词是构成语块的基本单元，而不同的语块又能组成不一样的构式。关于存在句的构式语块链结构与内涵，如表1-1所示。

表1-1　存在句的构式语块链结构与内涵

存在处所	存在方式	存在物
墙上	挂着	两幅地图
张三家的墙上	挂着	两幅最新版的世界地图

依据苏文的观点和看法，不论是"李四家的墙上"还是"挂着"，还是"一幅精美绝伦的画"，这些都应纳入语块的范畴。不仅如此，"挂着"连接的语块都能够基于句法的递归性来进行延伸和扩展。不过，传统的构式语法理论明确指出，任何的"形式—意义配对"体的语言单位在大多数情况下都能够视为一个构式。也就是说，构式可以是一个语素，可以是一个词语，可以是一个固定短语，也可以是一个完整的句式或篇章；从一般意义上来说，语块往往表现为一个不会轻易改变的信息交际单位，强调突出显著的预制性特征，是一个复杂且多元的结构块。对于信息交集的单位

来说，如果其表现出有限的能产性，或是并未呈现出明显的能产性，都可以将其作为语块来看待，这也是判定语块的基本条件和前提要求。需要了解的一点是，前文提及的"李四家的墙上"和"一幅精美绝伦的画"不属于这一类型的交际单位，反而是一种相对比较自由的短语。从实际出发来说，苏文在研究中指出，句式的有机构成成分在本质上属于经典的语言单位。对于任何一个句式来说，其中所包含的每个句法成分如果以句式的形式体现出来，那么该句式就必然会受到特定语义的约束，使其获得某种"块"的特征。不过，要知道的一点是，此"块"和彼"块"的内涵是不同的。准确来说，这里提及的"块"应该解释为基于某种信息结构所形成的"组块"，和一般意义上的"语块"有着明显的差别。换言之，语块属于组块的一种，不过随着语言研究背景的变化，其与苏文的阐释结果开始呈现出显著的不同。不得不说，随着新的理论背景的更迭，以及学术追求的不断深入，学界有必要从实际出发来概括语块的定义和内涵，只有这样才能避免出现语块内涵与一般理解的差异。我们应该准确把握"构式—语块"教学法的特点和本质，将其描述为一种"句式—组块"的教学法。正是因为形成这样的认识和观点，才使得陆俭明对传统的"构式—语块"分析法进行了改进，以"构式—组块"分析法的形式展现出来。与此同时，也要对"构式—语块"教学法进行改进，将其概括为一种新的教学方法，即"构式—组块"教学法。

　　参考一般语块理论提出的观点和见解，本小节对语块的内涵有着新的认知和理解。语块在更多时候都是作为一种常用的信息加工单位在交际中发挥着重要的作用，是有着固定形式和意义的结构预制体。从某种意义上来说，语块是一种兼具传统语法范畴中的词和句子的特点及形式的语言结构单位。不过，我们一般会把语块视为一个原型范畴，呈现出明显的原型性特征，该特征主要和形义关系的整合程度有着密切的关联。受到这一特性的影响，语块的内部成员组成非常复杂。语块的组成成员既有固定形式和意义的习语，也有形义结合相对灵活的词语搭配，还涉及部分具有独特交际功能的套语等。根据前文的论述过程及结果可知，一般理解的语块通常作为一种多词结构而存在。不过，和普通短语有差别的是，语块的形式和意义一般不会发生明显的变化，在交际中扮演交际单位这一重要角色。大多数语块的整体意义都比较复杂，并非不同构成成分的堆积或叠加，这点需要重点关注。在某种情境中，部分语块的整体意义取决于语块构成成分的意义，如"阳光—明媚"①。除此之外，类似"因为……所以……"的关联词语也会被作为语块来使用。就某些语块而言，其并不具有清晰准确的语义；就部分语块来说，即便其语义相对比较透明，但一旦搭配成句子就会呈现出明显的固定化倾向，从而被赋予"块"的特征。此外，一些语块的内在结构有着显著的规则性，在语义上并不透明；部分语块能够基于特定的句法规则来进行解读和推导，不过随着出现频率的增加，开始有成"块"的迹象和趋势。总之，语块的语义是否透明，是否有着明显的规则性，在实际中都无法被准确界定。之所以会出现这种情况，原因在于语块有着明显的原型性。按照一般语块理论的观点和看法，语块在大多数情况下都在记忆系统中孕育而生。作为交际者，可从某种交际场合中实现语块的精准提取，然后结合实际需要来对语块组合进行改进和升级。这种方式不会改变语块在交际中的语义，还能加快语言输出的效率，是同时突出语块准确性和流利性特点的有效策略。本节中提及的构式性特征，是语块所具有的特定交际功能在现实中的体现。

总之，语块是一种有着特殊形式和意义的构式。语块指的是那些在语言中发挥重要作用和功能的"块"的交际单位。

根据构式理论可知，构式指的是那些包含着各种语言成分和采用各种结构方式的语言单位。也就是说，不论是语素还是词语，还是句子、篇章等，都可以称为构式。从一般理解意义上来讲，所谓的语块可阐述为那些形式和意义或固定或半固定的结合体，更关注在交际中表现出强烈的预制

---

①"配伍"一词最初来自中药理论，指的是"把两种或两种以上的药物配合起来同时使用"（《现代汉语词典》第 7 版 986 页，商务印书馆，2016 年）。这里是隐喻性用法，指两个词相互选择，配合使用。其实，在词语配伍过程中，往往有一个词具有主导性，如"阳光—明媚"中，"明媚"对"阳光"的选择性更强，而"阳光"还可以和"灿烂"等搭配。

性。就构式而言，其侧重于表现出形和/或义的不确定性[①]，在整体范畴上包含语块这一项。换句话来说，语块有着具体的交际功能，是一种有着固定实体的"块"。由此可见，不论是词语还是语素，这些都应该排除在语块的范畴之外。一些学者指出，语篇也应归入语块的范畴，不过这种情况在实际交际中并不多见。

二、对语块内涵和属性的重新定位

语块的内涵：语块的组成成分通常为连续或不连续状态的词语，也包含一些有特定意义的元素。这些元素可经过预先整合而构成语块，其形式和意义等都可以形成良好的匹配关系，并在实际语言交际中发挥作用。

前文已经确定，语块往往呈现出显著的构式性特征。此外，语块不完全等同于构式。按照这种说法，我们可以准确概括出语块的性质和特征。几乎全部的语块都附带强烈的交际属性，具体详见以下六个方面的内容。

第一，语块有着一定的结构预制性。语块在某种意义上可认为是一种结构化的模块，包含各种各样的词汇和元素。从实际交际出发来说，语块有着显著的预先存在性特点。也就是说，语块出现在交际之前，不是交际过程中形成的临时构造。在交际时，语块受到语境和表达的影响会被激活。

第二，语块有着一定的整体存取性。语块本质是一种常见的交际单位，其能够存储某些特定的记忆，方便人们在交际中随时提取。站在交际者的立场来说，其往往会基于自身的实际需要来对语块进行调取和使用。

第三，语块有着一定的界面性。大多数语块既不是词也不是句法，而是二者的过渡单位。就部分句子来说，其能够呈现出明显的形义整合性特

---

①强调构式的"非完全预测性"，这是构式语法早期的认识。其实，随着对构式性质认识的发展和对图式性构式分析的深化，构式语法对这种限制有所放松，进而认为即便是完全可预测的结构类型，只要它具有足够的使用频率，也看作构式。刘大为则进一步区分语法构式和修辞构式：语法构式指的是"任何一种可从构成成分推导其构式义的构式，以及虽有不可推导的构式义，但已经完全语法化了的构式"，而修辞构式指的则是"所有带有不可推导性的构式，只要这种不可推导性还没有完全在构式中语法化"，两者之间存在一个连续统一性。这是构式认识的新发展。

点，因此可将其视为一个语块而使用在交际中。对于双及物式、"把"字句等句式来说，我们不能直接将其概括为语块。究其原因，主要是因为这些句式中原本就包含某些语块。

第四，语块有着一定的共时性。语块形成于交际中，经过不断地固化最终形成固定的结构、语义和含义。由此一来，语块的形义关系就会呈现出显著的共时性，和交际双方的交际行为及过程有着密切的关联。

第五，语块有着一定的网络性。语块的组成成员比较复杂，相互之间构成了密不可分的关系，在勾连方式上也有更多的选择。基于纵向层级进行分析可知，词以上的句法单位在大多数情况下都可被界定为语块；从横向表达的层面来讲，不同的句法结构关系也有一定的概率会出现在语块中。不过，语块通常被认为是一个原型范畴，其核心语块和非核心语块相比有着明显的差别。就各种语块而言，往往会呈现出明显的家族相似性（family resemblance）。简而言之，语块的性质和关联程度会受到语块位置变化的直接影响，且在关联程度上表现出有紧有松这一特点。①

第六，语块有着一定的动态性。大多数预制语块都能在人脑的记忆中完整地保存，不过在人们大脑中的记忆材料的数量和理解程度不断增加的过程中，预制语块的数量同样也会随之增加。在这种情况下，人的大脑中存储的记忆也会越来越多。

通过对语块的各种交际属性的总结和分析可以发现，不论是结构预制性还是整体存取性，其都能对语块的基本属性造成直接的影响。也就是说，语块的形式和意义是否能够良好匹配，主要取决于语块的整体存取性和结构预制性。此外，对于不一样的语块来说，它们相互之间的原型性程度是否会呈现出明显的差异，也会受到语块的结构预制性和整体存取性的影响。语块可基于自身具有的界面性和共时性来发挥重要的交际作用，这些都应归入语块的层级属性的范畴。最后，语块有着显著的网络性和动态性，我们可以从这个角度出发来解读和分析语块与非语块之间的内在关

---

①薛小芳、施春宏（2013 年）将这个特征概括为"层级性"，这里调整为"网络性"。

系，因此该属性可概括为语块的派生属性。总之，语块的三个属性共同决定了语块的基本特征。

第四节　汉语语块系统的层级关系

一、学界对汉语语块系统层级的划分

语块在本质上属于一种相对比较特殊的语言单位，在生活交际中应用广泛。词汇性短语在英语中随处可见，在其他语言中也有着广阔的应用前景，其能够发挥重要的交际和话语作用。

现如今，随着语块理论的不断丰富及完善，学界逐渐针对汉语语块的系统问题展开研究与探索，这有着重要的研究价值和现实意义。

我国学者刘运同在很早之前就着手对汉语语块的系统研究，并在这一领域取得了一定的理论成果。他在研究中首次对词汇短语与自由词组等之间的关系进行了梳理，然后以此为依据来探讨固定词串和固定框架等不同类型、功能的词汇短语之间的差异，最后重新划分语块的类型。刘文在研究中对语块的类型进行划分，如表 1-2。

表 1-2　刘运同（2004）构建的汉语词汇短语（语块）系统

固定词串	固定片语	固定短语	成语
			惯用语
			歇后语
		不完整词串	
	固定语句	谚语、警句	
		俗套话语	
固定框架	短语框架		
	句子框架		

表 1-2 中提及的"固定词串"，在不考虑不完整词串的情况下，一般将其概括为习语/俗语；此外，"固定框架"指的是那些包含重要的可嵌入

成分的格式。不过，是否能够准确识别不完整词串和固定框架需要因语境而定。举例来说，"越来越_____"就是一种生活交际中比较常见的框架。从语块内容的角度来说，不完整词串和固定框架包含各种各样的复杂内容，二者的内在性质也存在显著的差异。根据学界的研究成果进行比较与分析可知，语块理论长期处于发展的态势之中，在潜移默化中丰富语块研究的理论增长点。

我国学者周健在研究中从汉语和对外汉语教学的实际经验出发构建出了更加完善的语块系统。在他看来，汉语语块的类型主要包括三类：一是不同词语相互组合或搭配形成的语块，以功能—衰竭、可持续—发展等具有代表性。二是由各种习用短语构成的语块，比如生活中比较常见的习惯用语、俗语等。这些语块的形式可以是固定的，也可以是不固定的。三是广泛使用在句子中的某些连接成分也属于语块，如各种固定结构。通过对比发现，该文中所界定的语块范围相较于我国学者刘运同的研究成果更加广泛，也新增了配伍词等其他类型。需要明确的一点是，不同词语组合搭配式的语块能够呈现出明显的自由组合性，不过在实际使用中的前后搭配成分却表现出更强的依存性。考虑到这种情况，语块具有结构预制性和整体存取性等属性也是理所当然。

钱旭菁在研究语块时延伸了具体的影响范围，并基于语言结构相对应的层级在整体上剖析了语块系统的特点和属性。语块的类型划分情况：第一，词级语块。其一般以搭配、惯用语等比较常见，也包含部分成语、歇后语等。第二，句级语块。其主要表现为谚语、名言及格言等形式，也包含一些句式固定的警句、会话套语等。第三，语篇语块。其指的是儿歌、歌词等语块形式，也包含某些有着重要研究价值的宗教经文。假设我们把语篇视为一种语块类型，随着研究范围的扩展，我们对语块本质属性的理解会出现混淆的情况，从长远的角度来说不利于语块的深入研究和实践教学。某些语篇也应该归入语块的范畴中。如果人们在生活交际中频繁使用某些语篇，那么这些语篇就极有可能演变为有着特殊功能和意义的格言警句。总之，语块的性质和范围不是一成不变的，其界定有待深入地研究和探讨。

对比以往的研究成果发现，周惊和吴勇毅等在研究语块的性质时给出了不一样的看法和观点，也在语块内容的研究与丰富等方面做出了努力。周惊认为，所谓的语块指的是一些特殊的造句单位，主要由词语构成，在结构范畴上要比词汇大，在形式上不会发生明显的变化，与人们的日常语言表达习惯保持统一。不过，这种理解看似完整，却也存在缺陷和不足。假设依据周惊的理解进行分析，我们只能识别出那些特殊的语块，很难体现语块是一种原型范畴这一属性。同时，形义关系能够保持固定的句子也可归入语块的范畴中。周文在研究中基于多个视角对语块的类型进行了划分，主要包括关联结构、固定结构及填补结构等。吴勇毅等在研究中表示，语块在我们的日常生活和交际中随处可见。不过，受汉语和英语等语言语系差异的影响，不同语言系统的语块类型、特点等都表现出明显的差别。通过文献综述和对比分析，我们可以重新划分语块的类型，主要包括固定短语语块、离合语块、框架语块、学习语块及离合语块等。根据研究与实践经验可知，如果语块的可变性持续减弱，那么语块的语块化程度就会随之升高；如果语块的可变性有所增强，那么语块的语块化程度也会随之下降。之所以会得出这一结论，原因在于"语块"在本质上来说是一个原型范畴。

总之，汉语的语块研究在时间上相对滞后，其研究内容涉及语块的结构定型和意义凝固等方面，虽然也针对其他语块成分展开了一系列的研究，但研究程度相对较浅。从大体上来说，目前涉及汉语语块的研究有以下特点：着重关注介绍性的研究，强调对相关理论的分析与探讨，涉及实证研究的情况较少。但是，在研究汉语语块相关理论的过程中，也需要对语块的基本内涵和属性特征进行归纳和总结，为后续的汉语系统运行与发展奠定基础。

二、对汉语语块层级系统的进一步认识

与构式相比，语块同样具有类似相关的特征，但在范围上相对较窄。

对于不一样的语块来说，其所呈现出来的构式性程度有着明显的差别。其一，语块内部的透明度是不一样的。某些语块的内部形式或意义都处于较高水平，而某些语块的形式和意义则处于较低水平，还有的语块基本不透明。其二，语块在某种意义上可认为是一种预制性结构，其预制程度同样存在显著的差别。相比之下，某些语块的形式和意义都已经趋于固化，不会受到环境变化的影响。其三，语块在本质上属于一个中介单位，在实际交际的过程中，语块的整体或内部成分一旦遇到句法操作变化的情况，其程度就会表现出显著的差别。其四，语块可直接嵌入某些句法结构中，在一些篇章结构中也经常出现。考虑到以上各种情况，我们在对语块系统进行分类时，应摒弃传统的层级分类方法，否则会导致语块的某些特征无法得到充分的体现。学界普遍认为，应基于语块的原型性来对语块系统的分类进行分析，只有这样才能展现出语块的基本特性，还能梳理出各种语块类型间存在的关联度，并确保语块在实际交际中发挥预期的作用。在得出以上认识以后，本小节尝试在此基础上构建出一个新的汉语语块分类系统。

在构建出完善的汉语语块层级系统以后，先要做的是对各个层级语块的名称进行设计。某些情况下，学界会沿用语块的常见名称来进行分类。

基于语块在语篇中的位置和作用，可对语块的类型进行划分，主要包括整件式语块和系联式语块①两种类型。其中，整件式语块指的是那些能够实现独立表达的语块，是一种相对独立的整体语块，可以在日常交际中扮演重要交际构件的语块；至于系联式语块，指的是那些拥有篇章连接、关联等功能的语块。

（一）整件式语块的内部层级

首先，针对整件式语块的内部层级进行归纳和总结。从一般语块研究

---

①根据连接时是否采取前后照应的方式，系联式又可分为呼应式和插入式。呼应式包括关联词语性质的语块和表逻辑次序的语块。呼应式语块更多表达的是逻辑事理关系、篇章功能，各个语言在使用中的共性比较大。系联式语块的整体义基本可由其构成成分的意义推导出来，语块形义透明度高。但插入式语块所具有的篇章功能，不能简单地根据字面义来推断。

的角度来说，在研究过程中会牵涉大量的整件式语块。基于整件式语块内部不同成分的变化情况可对语块的类型进行划分，主要包括以下两种类型，一是整件式的组块式语块，二是整件式的变替式语块。就组块式语块而言，其各个成分通常是保持不变的，其组配关系也呈现出相对固定的状态；针对变替式语块来说，其不同的组成成分之间有着非常复杂的组配关系，这一关系存在可变换的概率。

基于语块内部句法操作的实际情况进行分类，可得出两种类型的语块，一是组块式的语块，二是定型式或离合式的语块。相比之下，这些语块的内部构成成分是固定的，而离合式语块的直接组成成分相互之间的句法联系有着较强的灵活性。

定形式语块中包含的两个直接组成成分很难参与复杂的句法操作，也就是说，语块的"形"会受到限制。定形式语块可划分为两种类型，一是习语式的语块，二是交际套的语块。[①]

大多数语块系统中都包含俗语式语块，这种现象在现实交际中随处可见。不论是成语[②]还是惯用语[③]，或是俗语，这些俗语都可归入语块的范畴。以成语为例，通常认为是一种最常见的语块代表。通过文献综述可知，在界定语块范围时经常会把俗语式语块当作是最基本的语块，关于这一点学界已经达成统一。

连锁式语块在日常交际中也比较常见，以"无知人胆大"等最具代表性。不得不说，这些语块之间的结构关系可概括为简单的连锁短语，经过

---

①习语和俗语的关系问题，学界一直分析得不是太清楚。一般教材认为俗语包括成语、谚语、歇后语和惯用语，而对习语不怎么提及。而国外学界对习语的理解比这里的俗语要宽泛一些。本小节将这两种理解结合起来，区分出习语式和俗语式两个层次。

②吴勇毅等指出有的成语具有一定的框架性，可通过学习一定的格式，有效地记忆并提高成语掌握的速度。这主要是基于形式角度的考虑。如果考虑到其内部的形义关系会发现，这种格式的类推性相当低，如"大同小异、大材小用、大呼小叫"等似乎属于同一框架成语，但其内部语义关系却有很大差异。

③惯用语主要指"避风港、落汤鸡、不管三七二十一、有两把刷子"这样的口语色彩较浓的短小定形的惯用语。还有一类惯用语结构上类似于一般的动补结构，但类推性较差，通常中间带有"得/不"，如"合得来、划不来、了不起、对不住、碰不得、粘不得"等。一般的动补结构前后两个成分可离可合，而这类动补语块常常只"离"不"合"，不能说"合来、了起"等。

不断的演变逐渐被固化，转化为一个整体性的交际单位。

就交际套语来说，它们会伴随交际场合的变化而呈现出明显的差异。考虑到这种情况，我们应对交际套语的类型进行划分，一般包括书信公文、日常交际和正式场合交际套语等形式。就正式场合的交际套语而言，或出现在公众演讲中，如"女士们""先生们"；或出现在外交辞令中，如"深表遗憾"；或出现在日常生活交际中，如"好久不见""久仰久仰"等；或出现在书信中等，如"此致/敬礼"等。从交际套语的角度来说，虽然学界也有相关研究，但研究关注度相对不高。前文主要针对语块的基本属性进行研究，但所得出的研究结论无法证实各种类型语块相互之间存在显著的家族相似性。正是因为不同类型的语块相互作用构成复杂的网络关系，才使得我们要基于各个视角和标准来对交际套语语块进行研究，为后续的语块分类和交互使用奠定基础。

就离合式语块来说，主要依据其直接组成成分之间的关系来进行分类和分析，通常可"离"可"合"。从功能上来讲，离合式语块往往表现出持续性的动态性特征，一般由离合词相互组合搭配构成。以"帮//忙（帮了一个大忙）"等离合词式为例，合在一起的时候就是词，而分开以后就是语。相比之下，离合短语兼具复杂的双重特征。基于可离合的视角出发进行分类，可将其纳入离合式语块的范畴。就离合语式和离合词式来说，二者在表面上没有本质的区别，但在语义透明度上却天差地别。大多数离合词式语块都会沿用最初的本义，在形义关系透明度方面表现出很多特点；就离合语式语块来说，其语义一般都表隐喻义，这就使得语块的形义透明度有明显的下降，从而体现出较强的习语性。举例来说，"穿小鞋（A出于某个目的给 B 穿小鞋）"。需要明确的一点是，其中所提及的"小鞋"指的并不是给别人穿尺码小的鞋，代表的是 A 对 B 所造成的不公平待遇。不得不说，离合式语块的句法操作相对比较灵活，但组成成分却非常固定，很难作出替换。

变替式语块可理解为，能够根据实际需要替换语块成分的语块类型。在实际应用中，可基于语块的组构成分来选择合适的语块类型，其中最有代表性的有配选式语块和框架式语块。

其中，在配选式语块的基础上还能分出两个类型，一是定选式的语块，二是配伍式的语块。就定选式语块来说，一般包含两个组成部分，更加强调固定的搭配，可体现短语的功能，最具代表性的如"端正态度"等。需要明确的一点是，定选式语块的组成成分并不一定是完全固定的，但要满足存储和使用等要求。就配伍式语块来说，其组成部分有着一定的共现性，但无法表现出搭配的固定性这一特点，最具代表性的是有"挑起—纠纷"等。

针对框架式语块来说，其语块内部会设置空槽，只有在补充完整以后才能表达出具体的含义。以单槽式语块为例，可举例为"在_____的时候"。大部分都被归入框式介词的范畴，也有一部分属于经典的框式结构；就双槽式的语块来说，更强调并列性，如"不_____不_____（不声不响）"；在强调选择时，有"不是_____就是_____"的语块结构；在强调范围时，有"连_____带_____（连人带马）"等语块结构。此外，一些双槽式语块经过类推拓展后会形成更加复杂的多槽语块结构，如"又_____又_____又_____（又大又圆又甜）"。总之，框架式中的用词应基于实际语境来进行。[1]

部分变替式语块不存在连续性特征，但符合"离"的条件和要求。对于分开以后的两部分，就很难再构成一个完整的表意单位，因此要将其排除在离合式语块的范畴以外；部分语块的句法相对比较灵活，却不能满足离合式语块的习语化要求，在这种情况下也不能将其纳入离合式的范畴。

（二）系联式语块的内部层级

系联式语块包含两种子类型，一是呼应式的语块，二是插入式的

---

[1] 有学者将关联式和插入式中的句首插入式列入框架式，笔者认为这三者不能归为一类。形式上，关联式和句首插入式连接的都是小句/句子，可填入框架式的多为词或其他有义元素，且多为小句/句子的组成成分；意义上，关联式的内部语义决定整个句子的语义，句首插入式的语义基本可由其构成成分的意义推测得来，框架式内部语义或简单（单槽式）或复杂（双槽式、多槽式），有时语义还有引申；功能上，关联式表逻辑事理关系、篇章功能，句首插入式表不同的话语功能，框架式多为小句/句子的组成成分，具体功能要依整体小句/句子的功能作出判断。

语块。

就呼应式语块而言，一般可概括为表现出关联词语性质的语块，同时也涉及一部分的描述逻辑次序的语块。呼应式语块能够清晰地描述出复杂的逻辑事理关系，在语言使用时呈现出明显的共性特征。呼应式语块有关联式和序次式语块之分，前者强调因果关系，后者侧重于表征逻辑事理关系[1]。

插入式语块既可以独立使用，也能介于句子中间使用，通常可体现某些语用功能，或表征总结，或侧重于表委婉，或强调补说等。此外，大部分插入语在句中的位置都不是固定的，可根据实际语境作出调整。

对于系联式语块来说，其整体义能够基于构成成分的意义进行推理和分析，这一类型语块的形义透明度相对更高。不过，插入式语块虽然有着一定的篇章功能，但无法基于字面意义来进行分析。

三、语块系统中所体现出来的原型性和家族相似性

前文已经提及，语块在本质上是一个独立的原型范畴。因此，语块系统的构建必须从这一点出发，并在此基础上梳理语块系统内部的层级关系。需要了解的是，假设我们把成语视为原型性语块，在这种情况下我们就能基于系统内部不同语块相互之间的关系来对其原型性程度进行判定。以惯用语和俗语为例，这些在语块层级上不存在明显的区别，可将其统一概括为典型语块，关于这一点在学界已经达成共识。以连锁式用语和交际套语为例，这些类型的语块在之前并未引起关注和重视，但也存在一定的语块性。以变替式语块为例，所包含的各个语块类别不属于成语的范畴，和成语之间的距离越来越远，不过却和组块式语块保持着固定的平行关系，按照这种说法我们能够将其视为典型的语块。经过比较与分析发现，系联式下位的不同类型的语块和成语之间有着最远的距离，因此可将其称

---

[1]除了明确以"先、后""一、二"等标明序次的语块，像"有的……有的……""一边……一边……""或（者）……或（者）……"这类序次关系不是很明显的语块也归入此类。

为边缘语块。从实际出发来讲，如何界定语块是否属于典型语块，学界目前并未达成统一意见。

在构建语块系统以后，可分析离合式语块的特点。在笔者看来，离合式语块是一个相对烦琐的语块类型，兼具词汇性和句法性双重特征。考虑到这种情况，其原型性有着异于一般的特殊性。但不得不说，与系联式下的语块相比较，要更贴近典型语块：从形义关系配对的角度来说，和习语式语块没有明显的差别；从内部句法表现的层面来说，和配选式语块比较相似。也就是说，在对语块进行原型性分析的过程中，部分类型的语块分类不能仅凭特征来进行，否则会导致语块的原型性分析存在偏差，从而很难突出语块原型的特点和本质。

在前文分析结果的基础上，我们可尝试建立一个特定的序列，对不同类型语块的原型性程度进行评估和判断。按照由高到低的顺序排列，首先是成语，其次是俗语式的语块类型，再者是习语式的语块类型，然后是定形式的语块类型，还有就是组块式的语块类型，最后才是整件式的语块类型。总之，越远离成语的语块，其越能展现出更明显的典型性；反之，越靠近成语的语块，其越不能展现出明显的典型性。

我们可基于语块系统来对语块的内涵和关系进行描述和表征。语块分类对于语块的定位、识别与分析有着重要的意义，可通过争议和讨论来得出更加合理的结论。

第二章 英语构式语法

第一节 构式语法及其理论要点

构式语法（construction grammar）是语言学中的一个重要理论，它主张从形式和意义的配对关系出发，对语言结构进行全面而深入的分析。构式语法不仅关注词语、短语和句子的内部构造，还强调这些构造与整体意义之间的关系。本节将简要介绍构式语法的基本概念、主要特点及其在语言学研究中的应用。

一、构式语法的基本概念

构式语法认为，语言中的每一个构造（不论是词、短语还是句子）都是一个独立的单位，具有特定的形式和意义。这些构造不是简单地由更小的单位组合而成，而是具有自身的整体性和系统性。因此，构式语法强调对语言现象的整体性描述和解释，而非仅仅关注其组成部分。

二、构式语法的理论渊源

构式语法作为 20 世纪 80 年代后期逐渐兴起的语法理论，不仅成为语言学界的一大研究热点，更以其独特的视角和方法论，为语言研究提供了全新的思路。其理论渊源深厚且多元、涵盖"格语法""框架语义学""格式塔语法"、语义地图模型及意象图式等方面。

（一）"格语法"的奠基作用

格语法，作为构式语法的重要理论渊源之一，由费尔莫尔（Fillmore）

提出，旨在揭示语言中的深层结构关系。费尔莫尔（Fillmore）认为，艾弗拉姆·乔姆斯基（Avram Chomsky）提出的深层结构中的语法关系，实际上属于表层结构的主谓概念，而真正的深层结构关系应由"格"来体现。格作为普遍存在于所有语言中的功能或关系，不仅体现了名词与动词之间的关联，更反映了语言使用者的认知方式和世界观。格语法的提出，为构式语法在揭示语言结构深层关系方面提供了重要的理论基础。

（二）"框架语义学"的拓展与深化

框架语义学，作为构式语法的重要理论来源之一，是对格语法的进一步拓展和深化。框架语义学将语言视为一种认知现象，强调语言与认知的密切关系。框架作为图式化的经验，是语言使用者理解和解释语言的基础。在框架语义学的框架下，构式语法得以从认知的角度重新审视语言结构，进一步揭示了语言与认知之间的内在联系。

（三）"格式塔语法"的整体性视角

格式塔语法，作为认知语义学的一个重要分支，对构式语法的影响不容忽视。格式塔语法强调句子结构的整体性，认为句子不是简单的词语组合，而是一个完整的心理表征。这一观点为构式语法提供了有力的理论支撑，使构式语法在分析语言现象时更加注重整体性和系统性。

（四）语义地图模型的跨语言比较与解释

语义地图模型作为语言类型学的一种研究方法，为构式语法的跨语言比较提供了有力的工具。通过构建语义地图，我们可以清晰地看到不同语言在特定语法范畴上的共性和差异，进而揭示构式在不同语言中的表现形式和功能特点。这一方法的引入，不仅丰富了构式语法的研究手段，也为其在跨语言研究中的应用提供了可能。

（五）意象图式的认知解读

意象图式作为认知语言学中的重要概念，为构式语法的认知解读提供了独特的视角。意象图式是人已有知识经验的网络框架，是人与自然世界长期互动的结果。通过意象图式，我们可以深入理解构式背后的认知机制和心理过程，从而更加准确地把握构式的意义和功能。

综上，构式语法的理论渊源多元且丰富，涵盖多个方面的研究成果和理论观点。这些理论渊源不仅为构式语法提供了坚实的理论基础，也为其在不同领域的应用提供了广阔的空间。在未来，随着语言学研究的不断深入和发展，构式语法的理论渊源将更加丰富和完善，为语言学界带来更多的启示和收获。

三、构式语法的主要特点

构式语法是一种语言学理论，它强调语法结构的整体性和系统性，注重形式与意义的对应关系，以及语法结构的多样性和灵活性。下面我们将从以下三个方面详细探讨构式语法的主要特点。

（一）形式与意义的对应性

构式语法强调形式与意义的对应性。语法结构不只是一系列无意义的符号组合，而是与特定的意义紧密相关的。每一个语法结构，不论大小，都承载着特定的意义。这种对应关系使得语法结构不再是孤立的、无意义的符号，而是成为表达意义的重要手段。

这种对应性体现在语言的各个层面。例如，在句子层面，不同的句子结构往往表达着不同的语义关系，如主谓宾结构表达的是动作与受事的关系，而主系表结构则表达的是属性或状态。在词汇层面，构式语法也强调词汇形式与意义的对应关系，即词汇的形态变化往往与特定的意义变化相关联。

（二）整体性和系统性

构式语法强调语法结构的整体性和系统性。语法结构是一个有机的整体，各个部分之间相互关联、相互制约，共同构成一个完整的系统。这种整体性和系统性体现在语法结构的层级性和嵌套性上。

在层级性方面，构式语法认为语法结构是由不同层级的单位组成的，如语素、词、短语、句子等。这些单位之间存在一定的层级关系，低层级的单位可以组合成高层级的单位，而高层级的单位又可以进一步组合成更大的结构。这种层级性使得语法结构具有清晰的组织结构。

在嵌套性方面，构式语法强调语法结构之间的嵌套关系。也就是说，一个语法结构可以嵌入另一个语法结构之中，形成更为复杂的结构。这种嵌套性使得语法结构具有高度的灵活性和变化性，能够表达更为丰富和复杂的语义关系。

（三）多样性和灵活性

构式语法强调语法结构的多样性和灵活性。语法结构并不是固定不变的，而是可以根据不同的语境和需要进行调整和变化。这种多样性和灵活性体现在以下三个方面。

首先，不同的语言或方言可能采用不同的语法结构来表达相同的意义。这反映了构式语法在不同语言中的多样性。

其次，即使在同一种语言中，语法结构也可以根据不同的语境和需要进行变化。例如，在不同的交际场合中，人们可能会采用不同的句式、词序或语气来表达相同的意思。这种灵活性使得语言能够适应不同的交际需求。

最后，构式语法还强调语法结构的创新性和发展性。随着社会的发展和语言的变化，新的语法结构可能会不断出现，旧的语法结构也可能逐渐消失或被替代。这种创新性和发展性使得构式语法具有强大的生命力。

综上，构式语法具有形式与意义的对应性、整体性和系统性及多样性和灵活性等主要特点。这些特点使构式语法能够更全面地揭示语言的本质和规律，为语言学研究提供了新的视角和方法。

四、构式语法在语言学研究中的应用

构式语法在语言学研究中具有广泛的应用价值。

首先，它有助于我们更深入地理解语言的本质和运作机制。通过对语言构造的详细分析，我们可以揭示出语言中的规律和特点，从而更好地掌握语言的使用和表达。

其次，构式语法也为语言教学提供了有益的启示。在教学中，我们可以利用构式语法的理论和方法，帮助学生更好地理解和运用语言。通过引导学生关注语言构造的整体性和系统性，我们可以帮助他们提高语言感知能力和表达能力。

最后，构式语法还在语言翻译、自然语言处理等领域发挥着重要作用。它有助于我们更准确地理解原文的意义和风格，从而进行更精准的翻译。同时，构式语法也为自然语言处理提供了有力的理论支持，有助于我们开发出更先进的语言处理技术和工具。

构式语法作为一种重要的语言学理论，为我们提供了全新的视角和方法来理解和研究语言。构式语法在语言教学、翻译、自然语言处理等领域发挥着重要作用，为我们提供了有力的理论支持和实践指导。然而，构式语法作为一门新兴的理论，仍然面临着一些挑战和争议。例如，如何界定和识别语言中的构造、如何处理构造之间的复杂关系等问题仍然需要进一步探讨和研究。在未来，我们可以期待构式语法在不断完善和发展的过程中，为我们提供更多关于语言的深刻洞见和启示。

第二节　词语复合模式及其整合等级

一、英语词语复合模式

（一）复合词的定义

英语作为一种全球性的通用语言，其词汇的丰富性和表达的灵活性令人惊叹。复合词，即由两个或更多个独立的词组合而成的单词，为英语增添了无数新颖、富有表现力的词汇，使得英语的表达方式更加多样化和精确。

（二）复合词的基本模式

复合词的形成主要有三种基本模式：名词+名词、形容词+名词及动词+名词。这些模式不仅丰富了英语词汇，也反映了英语语言的创新性和灵活性。

1. 名词+名词

在英语词汇的海洋中，复合词是一个重要的组成部分，它们由两个或更多的单词组合而成，以表达一个新的、更具体或更复杂的概念。其中，名词+名词的复合模式是一种常见的形式，它以其简洁明了的特点，在英语词汇中占据了重要的地位。

名词+名词的复合模式，顾名思义，就是由两个名词直接连接而成的新词。这两个名词通常在意义上有所关联，第一个名词作为修饰语，对第二个名词进行限定或描述，共同构成一个新的意义。例如，"bookshelf"（书架）这个词，就是由"book"（书）和"shelf"（架子）两个名词组合而成的，表达的是一个专门用来放书的架子。

这种复合模式的优点在于其直观性和易理解性。由于复合词中的每个部分都是独立的单词，因此读者可以通过理解每个部分的意义，来推测整个复合词的含义。这种特点使得名词+名词的复合模式在创造新词时具有很大的灵活性，可以根据需要随时组合出新的词汇。

此外，名词+名词的复合模式在表达复杂概念时也非常有效。通过将两个相关的名词组合在一起，可以形成一个更具体、更精确的词语，以表达那些难以用单个名词表达的概念。例如，"seaside resort"（海滨度假胜地）这个词，通过结合"seaside"（海滨）和"resort"（胜地）两个名词，形成一个能够准确表达海滨度假场所的新词。

然而，尽管名词+名词的复合模式具有诸多优点，但在使用时也需要注意一些问题。首先，要注意避免歧义。有些复合词可能由于两个名词的多种意义而产生歧义，因此在使用时需要确保上下文清晰明确。其次，要注意复合词的拼写和发音。有些复合词在拼写和发音上可能并不符合常规，需要特别记忆。

总的来说，名词+名词的复合模式是英语词汇中一种重要且有效的构词方式。它不仅丰富了英语词汇量，还为表达复杂和具体概念提供了方便。通过了解和掌握这种复合模式，我们可以更好地理解和使用英语词汇，提高英语表达能力。

2. 形容词+名词

在英语的词汇构成中，复合词是一种常见且富有表现力的形式。其中，形容词+名词的复合模式尤为常见，这种结构不仅丰富了英语词汇的多样性，也提高了表达的精确性和生动性。

形容词+名词的复合模式通过将一个形容词和一个名词结合在一起，形成一个新的词汇，这个新词汇既保留了形容词的描述性，又体现了名词的具体性。这种复合模式使得我们可以更精确地描述事物、表达概念，也使得语言更加生动、形象。

例如，"blackboard"（黑板）这个词语，就是由形容词"black"（黑色的）和名词"board"（板）结合而成的。这个词语不仅明确地指出了这个物体的颜色，也揭示了它的基本形态和用途。同样，"greenhouse"（温室）这个词语，也是由形容词"green"（绿色的）和名词"house"（房子）组成的，形象地描绘了这种用于种植植物的建筑物的特点。

形容词+名词的复合模式在英语中广泛运用，不仅在日常对话中频繁出现，也在文学作品、新闻报道、科技论文等文体中发挥着重要的作用。它们既可以用来描述具体的事物，如"red apple"（红苹果）、"big house"（大房子），也可以用来表达抽象的概念，如"happy life"（快乐的生活）、"peaceful world"（和平的世界）。

然而，虽然形容词+名词的复合模式在英语中非常常见，但我们在使用时也需要注意一些问题。首先，我们需要确保形容词和名词的搭配是合理的，不能随意组合。其次，我们需要注意复合词的拼写和发音，避免因为错误的使用而造成误解。

总的来说，形容词+名词的复合模式是英语中一种重要且富有表现力的词汇构成方式。它使得我们可以更精确、更生动地描述事物、表达概念，也使得英语的语言表达更加丰富多彩。因此，我们在学习英语时，应该积极掌握这种复合模式，学会正确地运用它来表达我们的思想和感情。

3. 动词+名词

英语中的词语复合模式是一种富有创造性和表达力的语言现象，它允许我们通过组合两个或多个词汇单元来形成新的、具有特定意义的词汇。其中，"动词+名词"复合模式尤为常见，它通过将动词和名词结合在一起来表达一种动作或状态与对象的直接关系，从而丰富我们的语言表达方式。

在"动词+名词"复合模式中，动词通常表示一种行为、过程或状态，而名词则代表该行为或状态所涉及的对象或结果。这种结合使复合词能够更直接、更具体地表达某种概念或意义。例如，"workshop"（工作坊）一词由动词"work"（工作）和名词"shop"（商店）组成，它表示一个进行工作或学习活动的场所，具有明确的功能性含义。

这种复合模式的优点在于其灵活性和扩展性。通过将不同的动词和名词组合在一起，我们可以创造出大量新的复合词，以满足不同语境和表达需求。例如，"handwriting"（手写）由"hand"（手）和"writing"（写作）组成，表示用手书写的文字；而"broadcasting"（广播）则由"broad"（广泛的）和"cast"（投射）组成，表示将信息广泛传播的行为。

此外，"动词+名词"复合模式还常常用于表达特定的行业术语或专业概念。这些复合词往往具有高度的专业性和精确性，能够帮助人们更准确地理解和描述相关领域的知识和技能。例如，"photography"（摄影）一词结合了动词"photo"（拍照）和名词"graph"（图像），用于描述使用相机记录图像的艺术和技术。

"动词+名词"复合模式是英语中一种重要且富有表现力的词语构成方式。它不仅丰富了我们的语言表达，还帮助我们更直接、更具体地描述和理解世界。随着社会的不断发展和语言的不断演变，相信未来还会有更多新的"动词+名词"复合词出现，为我们的语言世界增添更多的色彩和活力。同时，我们也应该积极学习和掌握这些复合词，以便更准确地表达自己的思想和感受，更好地与他人进行交流和沟通。

除了以上三种基本模式，英语词语的复合模式还包括其他多种变体，如副词+动词、介词+名词等。这些变体不仅进一步丰富了英语词汇，也展示了英语语言的创新性和适应性。

复合词的形成不是随意的词汇堆砌，而是需要遵循一定的语言规则和逻辑。通过恰当的组合，可以创造出既符合语言习惯又具有创新性的词汇，从而丰富英语的表达方式。

总的来说，英语词语的复合模式是语言创新和表达多样性的重要体现。通过深入了解这些模式，我们可以更好地理解英语语言的本质和特点，也能更好地运用英语进行交流和表达。随着社会的不断发展和变化，我们相信英语词语的复合模式将继续发挥重要作用，为英语语言的未来发展注入新的活力。

二、英语词语复合模式的整合等级

英语词语复合模式是英语词汇构成的重要部分，其整合程度的高低不仅影响着词汇的表意能力，还反映了语言使用者对词汇的理解与运用水平。本小节将从低整合度、次低整合度、次高整合度、高整合度四个层面，对英语词语复合模式的整合等级进行详细分析。

（一）低整合度

低整合度的英语词语复合模式通常表现为两个或多个单词的简单组合，这些单词在组合后基本保持原有的意义和词性。这种复合模式往往缺乏深层次的语义联系，只是形式上的结合，因此整合度较低。例如，"blackboard"（黑板）由"black"（黑色）和"board"（板）两个单词组合而成，虽然直观易懂，但缺乏深层次的语义整合。

（二）次低整合度

次低整合度的英语词语复合模式在简单组合的基础上，增加了部分语义的整合。这种整合可能涉及词义的引申、比喻或转义，使得复合词在意义上更加丰富和深刻。例如，"honeymoon"（蜜月）一词，虽然由"honey"（蜂蜜）和"moon"（月亮）组成，指蜂蜜和月亮的结合，但是引申为新婚夫妇共度的美好时光。

（三）次高整合度

次高整合度的英语词语复合模式在语义整合上更为深入，往往涉及对原有词汇的重新解读和组合，形成新的词义和用法。这种整合不仅体现在词义的丰富性上，还体现在语法结构和用法上的创新。例如，"breakfast"（早餐）一词，由"break"（打破）和"fast"（禁食）组成，通过重新解读和组合，形成了表示"一天中打破禁食的第一餐"的新词义。

（四）高整合度

高整合度的英语词语复合模式在语义和语法上都达到了较高的整合程度。这种复合模式往往融合了多个词汇的意义，形成独特的词义和用法。同时，在语法结构上也更加复杂和灵活，能够表达更为丰富和深刻的概念。例如，"lifelong"（终身的）一词，由"life"（生命）和"long"（长的）两个词汇复合而成，不仅融合了两者的意义，还形成表示"贯穿整个生命的"独特词义。

综上，英语词语复合模式的整合等级是一个由低到高的渐进过程。随着整合程度的提高，复合词的语义和语法结构也变得更加丰富和复杂。对于语言学习者来说，理解和掌握不同整合程度的复合词模式，有助于提高英语词汇的运用能力和语言表达能力。

第三节　框架标记构式及其整合等级

一、英语词语框架标记构式

在英语中，词语的构成和组合方式多种多样，其中一种重要的形式就是框架标记构式。这种构式是指通过特定的词汇或短语框架来标记和表达特定的意义或概念。它不仅丰富了英语的词汇系统，还使得语言表达更加准确、生动和灵活。

框架标记构式通常包括一个中心词或短语，以及与之相关的其他词汇或短语，共同构成一个完整的表达单位。这些中心词或短语往往具有特定的语义功能，能够标记出整个构式的核心意义。而其他词汇或短语则起到补充、修饰或限定中心词的作用，使得整个构式更加丰富和具体。例如，在英语中，我们经常可以看到以"-able"结尾的形容词，它们通过添加后缀"-able"来标记某种能力或可能性，如"readable"（可读的）、"affordable"（可承受的）等。这些形容词都是以中心词"able"为基础，通过与其他词汇相结合，构成了表达特定意义的框架标记构式。

除了形容词，英语中的名词、动词和介词等也都可以形成框架标记构式。例如，名词前的冠词和修饰语可以共同构成一个名词短语，表达特定的概念或对象。动词后的宾语和补语可以构成动词短语，表达具体的动作或状态。介词短语则可以通过介词与其他词汇的组合，标记出空间、时间或关系等不同的意义。

框架标记构式的优点在于其灵活性和可扩展性。通过添加或替换不同的词汇，我们可以轻松地构建出各种新的表达方式，以适应不同的语境和需求。同时，这种构式也使得语言表达更加精确和具体，能够更好地传达说话者的意图和感受。

然而，框架标记构式也存在一定的局限性。由于它依赖特定的词汇和短语框架，因此在使用时需要确保所选词汇与框架相匹配，以避免出现语义不清或表达不当的情况。此外，不同语言和文化背景下的框架标记构式可能存在差异，这也需要我们在跨语言交流时加以注意和适应。

总之，框架标记构式是英语词语结构形式中的一种重要方式，它通过特定的词汇和短语框架来标记和表达特定的意义或概念。虽然它具有一定的局限性，但在正确使用和灵活运用的前提下，它能够为我们的语言表达增添更多的色彩和深度。

二、英语词语框架标记构式的整合等级

在英语语言学中，词语框架标记构式的整合等级是一个重要的概念，

它描述了不同词语之间在构式上的紧密程度和相互依赖关系。这种整合等级对于理解英语语言的构造、语义表达及语言使用的灵活性具有重要意义。本小节将从低整合度到高整合度，对英语词语框架标记构式的整合等级进行逐一探讨。

（一）低整合度

在低整合度阶段，英语词语框架标记构式的各个组成部分相对独立，彼此之间的关联性较弱。这些词语通常可以自由替换或重新组合，而不影响整个构式的基本意义。例如，在简单的句子结构中，主语、谓语和宾语等词语可以较为灵活地替换，而整个句子的基本意思保持不变。这种低整合度的构式特点使得英语表达具有较大的灵活性和多样性。

（二）次低整合度

在次低整合度阶段，英语词语框架标记构式的组成部分开始呈现出一定的相互依赖关系。虽然，这些词语仍然可以在一定程度上进行替换或重新组合；但是，这种替换或组合会受到更多的限制。例如，在某些固定短语或习语中，某些词语的替换可能会导致整个短语或习语的意义发生变化。此外，一些语法规则也开始发挥作用，对词语的排列和组合方式产生约束。

（三）次高整合度

在次高整合度阶段，英语词语框架标记构式的组成部分之间的依赖关系进一步增强。这些词语在构式中的位置和功能变得相对固定，替换或重新组合的可能性受到更大的限制。例如，在复杂的句子结构中，各个从句和短语之间的逻辑关系需要严格遵守语法规则，以确保整个句子的意义和通顺性。此外，一些特定的词汇搭配和用法也开始出现，这些搭配和用法往往具有特定的语义和文化内涵。

（四）高整合度

在高整合度阶段，英语词语框架标记构式的各个组成部分几乎形成一个不可分割的整体。这些词语在构式中的位置和功能非常固定，几乎无法进行替换或重新组合。这种高整合度的构式往往具有特定的语义功能和表达效果，能够传达出丰富而深刻的含义。例如，一些固定的习语、谚语或诗句等就属于高整合度的构式，它们通过独特的词汇搭配和语法结构，表达出独特的文化内涵和情感色彩。

综上，英语词语框架标记构式的整合等级是一个从低到高逐渐发展的过程。随着整合度的提高，构式中各个组成部分之间的依赖关系逐渐增强，整个构式的稳定性和意义表达也逐渐增强。这种整合等级的变化不仅反映了英语语言的构造特点，也体现了语言使用的灵活性和多样性。对于英语学习者来说，了解和掌握这种整合等级有助于更好地理解和运用英语语言。

第三章 "程度副词+名词"组合

第一节 "程度副词+名词"结构内的副词和名词

一、"程度副词+名词"结构内的副词

程度副词主要包括两类,一是"程度深"的程度副词,二是"程度浅"的程度副词。在原新梅看来,对于那些"程度深"的程度副词来说,其都能在"程度副词+名词"的结构中发挥作用,但是那些"程度浅"的程度副词却不具备这一功能。[①]

程度副词在不同的结构中能够发挥不一样的作用,目前常见的有两种类型。第一,强调程度副词在结构中的本质功能,能够起到修饰和描述"程度"的作用。第二,侧重于表现程度副词的"凸显"功能。副词能够约束名词的性状表现,还在突出名词的性质细节方面有着重要的作用。[②]名词与程度副词是可以相互组合搭配的,搭配以后名词的词义也会随之发生变化,这种模式可突出程度副词在修饰或突出名词方面的功能。

二、"程度副词+名词"结构内的名词

"程度副词+名词"结构的种类,包括以下四种类型,基本涵盖所有的结构中名词的使用情况。

---

①原新梅:《试论"程度副词+N"》,《河南师范大学学报(自然科学版)》1996年第2期。
②储泽祥、刘街生:《细节显现"与"副+名"》,《语文建设》1997年第6期。

第一，量度义。汉语名词和程度副词是可以组合搭配的，在构建"程度副词+名词"这一结构以后，名词能够在该结构中体现重要功能，集中表现为可表量度义的功能。①

第二，性质义。名词的词义主要包括两部分，一部分可表概念意义，另一部分可表性质意义。名词能够反映出任何事物的基本属性，在这种情况下名词就形成了与生俱来的性质义。

第三，描述性语义特征。名词与副词是可以组合搭配的，能够呈现出明显的"描述性语义特征"。因为描述性语义特征附带着强烈的性质概念，也和量度概念有着密不可分的关联，这就使得描述性语义特征同时兼具了性质义和量度义两个特征，这对于解释名词为什么可以进入此结构中的语义基础有着重要的理论指导意义。

第四，细节。"细节"在作名词时能够获得本质的意义。此时，受到词义的概括性的影响，名词的内容特征就会被概括。也就是说，"副+名"的结构可认为是一个名词"细节"返回的综合性表征模式。②

此外，"程度副词+名词"的结构有着显著的即时性特征，在这种情况下部分新兴语料中的名词会被其他副词的性质细节所概括，由此一来我们就很难将这类特征归入"细节"的范畴中。

三、"副词+名词"结构的实现过程

不同学者陆续针对"副词+名词"的结构展开研究，他们从各个视角和维度出发来探讨结构的实现过程，在整体上把握结构内的副词和名词的基本特点及变化情况，在这一领域取得了丰富的研究结论和成果，具有重要的参考价值和研究意义。其中，以朱德熙、于根元、邢福义、刘正光、徐洁及崔刚等学者的研究成果最具代表性。本课题在整体上归纳总结了结构实现过程的研究观点，包含以下四种。

---

①张谊生：《名词的语义基础及功能转化与副词修饰名词》，《语言教学与研究》，1996 年第 4 期。

②储泽祥、刘街生：《"细节显现"与"副+名"》，《语文建设》1997 年第 6 期。

第一，朱德熙在研究中首次提出了动词省略、脱落说。朱德熙先生在研究中明确指出：对于大部分的"副名结构"来说，如果副词的位置在前，则说明去掉了"是"等动词。[①] 于根元先生在研究中表达了对这一观点的肯定和认可，并在此基础上作出了延伸和拓展。在他看来，该构造在某种意义上简化了句式结构，把原本能够表述状态的动词去掉了，或是在原句的基础上去掉了名词标记。他认为，结构里的副词和名词并未改变，只是之前的动词、动词标记等被去除了。也就是说，此结构的使用在人们的认知中仍旧保持着原有的状态，并未出现实质性的变化。通过对这一观点的理解与分析可以得出结论，其是一种以增添内容的方式来对"副名"结构的必要性进行验证的行为和看法。

第二，邹韶华、邢福义和徐洁在研究中首次提出了词性裂变、活用说，他们在提出这一观点以后在学界引起了激烈的讨论，成为该领域极具代表性的研究学者。他们一致认为，名词用在程度副词后的结构是可行的，其本质是对名词的形容词化处理，或是名词出现了明显的形容词裂变情况。徐洁在研究中指出，副词在理论上是无法对名词进行修饰的，结构槽中所包含的名词和副词都是能够发生变化的点。我们可以基于"副词+名词"的组合搭配来对其排列现象存在的根本原因进行分析。此外，他们还强调，"副词"在经过变化以后会变成其他的词，但是形容词或动词等没有出现本质的变化。同时，有一定的概率是名词的词性出现了变化，经过形化或活用以后转化为形容词，在这个过程中副词从头到尾都没有出现变化。

第三，刘正光、崔刚在研究中提出了非范畴化说。刘正光等在研究中强调，"副名"结构在本质上应该解释为一种与原型范畴不符的现象，是一种靠近边缘化区域的词性转化用法。他们还强调，对于大部分的副名结构来说，名词意义的转化只存在于外在形式，但是非范畴化却能够满足这种转化的必要条件，可以为其提供词语转化的内在动力。在他们看来，在

[①]朱德熙：《语法讲义》，商务印书馆，1982，第196页。

构成"副名"结构以后，名词的词性已经发生了变化，因此需要对这个过程的本质和意义进行解释和论述。也就是说，名词在此结构中逐渐消除了之前的典型特征，并在潜移默化中形成新的范畴特征，是一个非范畴化的过程，该过程的结果就是副词和名词的关联使用。由此可见，名词是能够进入"副名"结构的，这一过程也是合理的，这些在一定程度上能够反映出语言系统和认知系统的持续创造、改进和创新的过程。

第四，储泽祥、刘街生在研究中提出了细节显现说。储泽祥、刘街生一致表示，从实际出发来说，在名词使用的过程中，与名词本质意义体现有关的特征不会受到影响，会在不同的情境中显现原本的细节。[①] 在构成"副词+名词"结构以后，名词的性质细节就自然而然地成为被显现的对象。在这个过程中，结构则作为具体的显现方式，并通过副词来制约名词在结构中的作用，起到展示名词性质细节的功能和效果。就他们提出的这一观点来说，主要针对"副词+名词"结构中的名词使用过程进行了解读和分析，可准确还原细节的返还过程，这里提及的细节和非名词的本质义不存在必然的关联。不过，基于对相关语料的梳理和分析可知，程度副词可以一定程度上表现出名词的性质，但也有一定的概率不会展现那些已经被概括的性质细节。尽管其本质义没有被表现出来，但其所包含的本质义中的部分特征却已经被凸显了。此外，部分名词在用于"程度副词+名词"结构中时，程度副词能够体现的性质细节和之前的词义也不存在必然的关联。不仅如此，那么被概括掉的性质细节中也很难获得名词的本质义，即便被找到，也会归入被人为强行赋予的性质含义的理论范畴中。总之，我们还要针对以上相关问题进行深入的研究。

四、"副词+名词"结构的语用功能研究

"副词+名词"结构与其他结构相比较，有着更好的实用性，可以取得更优的使用效果，这也引起了学者们的关注和重视，纷纷针对其语用功能

---

① 储泽祥、刘街生：《"细节显现"与"副+名"》，《语文建设》1997 年第 6 期。

和价值展开系统的研究。

储泽祥、刘街生在研究中主要侧重于"副+名"语用价值的分析和探究，他们从不同视角出发，针对"副+名"结构自身的语用价值进行论述，并验证该结构的独特性。他们在研究"副+名"结构的语用价值的过程中，更强调在整体上概括该结构的语用效果，所作出的论述更加朴实，有待进一步完善和优化。

王军健长期致力于对"很 N"结构的语用效果的研究与分析，在他看来，"很 N"结构与其他结构相比有着独特的语用效果。[1] 一方面，"很 N"符合语言表达的基本原则，能够保证良好的语用效果。另一方面，"很 N"结构在某些时候可以突出新颖别致的特点，也能显现出幽默风趣的风格。王军健在研究中从微观视角出发，针对"很 N"结构的语用效果展开研究，并作出系统的论述。需要了解的是，"程度副词+名词"结构有很多类型和形式，而"很 N"结构则是其中最突出的一个。也就是说，针对"很 N"结构的语用效果展开深入的研究，在一定程度上有利于该结构的语用功能的探究与分析。

王寅先生在研究中基于语义和语用等维度出发来研究"副名构造"的语用价值，有一定的研究意义和作用。他对相关的特点进行了分类，按照特定的顺序依次进行论述。王寅的论述侧重于从宏观视角概括"副名构造"的基本特点，尤其是在语义和语用中。不过，王寅先生在研究中得出的结论并不够深入，还有待完善，如果可以深入考察结构的语用功能再好不过。

总之，以往的学者在研究"副词+名词"结构的语用功能方面取得了丰富的成果，且集中在两个方向。其一，严格遵循语言的经济性原则，在简化结构的同时不会影响信息的准确表达，突出言简意赅；其二，在表达方式和内容上倾向于新奇、有趣，能够为语言使用者带来不一样的心理体验，有效增强语言使用者的语言表达能力。不过，此结构的使用对语境有

---

[1]王军健：《"很 N"的语用学思考》，《云南广播电视大学学报》1999 年第 1 期。

着特殊的要求，且最终呈现出来的语用表达效果也和语境有关，很容易被语境约束。此外，结构的使用需强调和整体语境的协调配合，否则会导致出现严重的表达问题和理解问题。

第二节　构式语法理论下的"程度副词+名词"

20 世纪 80 年代，构式语法在相关领域开始流行，作为一种主流的语法理论，其形式更加新颖，语用效果更佳。构式语法是对认知语法的延伸和拓展，归属于认知语言学这一学科。在界定"构式"的定义和内涵时，往往会参考 Adele E. Goldberg 在 Construction：A Construction Grammar Approach to Argument Structure 的论述，即当且仅当 C 是一个形式—意义的配对<Fi, Si>，且 C 的形式（Fi）或意义（Si）的某些方面不能从 C 的构成成分或其他先前已有的构式中等到完全预测时，C 是一个构式。[①] 这里要明确两点，其一，"构式"不代表完全都是结构形式，可将其描述为一种形式和意义组合搭配形成的形意对；其二，"构式"自身可呈现出明显的整体性和独立性，且很难基于构成成分来对构式的形式和意义进行表达和凸显。部分学者在研究中得出结论，对于几乎所有的汉语中的"副词+名词"结构来讲，其不论是形式还是意义都满足"构式"的基本条件和要求。也就是说，随着构式语法理论的不断丰富和完善，一些学者开始尝试基于构式语法理论来探究分析汉语"副词+名词"结构的完整且复杂的实现过程，在这一阶段提出了"构式压制观"等理论观点，为后续的相关研究奠定了基础。

王寅、王德亮和孙娟等在研究中提出了"构式压制观"，在这一领域取得了丰富的理论成果。关于"构式压制观"的理论观点，可简要概括为，对于一个词来讲，不论是句法还是语义的定义和理解都离不开构式。

---

①Adele E. Goldberg：《构式：论元结构的构式语法研究》，吴海波译，北京大学出版社，2007，第 4 页。

也就是说，随着构式和句法环境的变化，槽内词语的句法和语义特征也会随之发生变化。换句话来说，"副名"结构构成以后，名词与副词如果可以良好地组合搭配，就能凸显出独特的语义特征。王寅在研究中提出了一些新的观点，在之前观点的基础上进行了补充和延伸，其中以"词汇压制"和"惯性压制"等最具代表性。① 他认为，汉语中的副名构造能够起到重要的压制作用，而发挥作用的则是"副词"。在这个过程中，副词是没有出现变化的，其可以对结构中的名词起到压制作用，影响名词的句法和语用价值。"惯性压制"强调，副名构造是一个比较特殊的结构，在"副形"构造的影响下逐渐在结构中体现语用价值，得到人们的认可和肯定。"惯性压制"在一定程度上可以反映出人们的思维认知，表现出人们在心理上发生的变化，从最初的不正常逐渐演变为正常，最终真正接受和理解。基于对该观点的理解与认知，我们可以得出，对于"副词+名词"构式而言，结构中的名词与之前相比发生了明显的变化，尽管副词会有效制约名词，但其语义是不会改变的。

通过对比与分析可知，类似"so"等的英语"程度副词+名词"结构在某些方面和汉语此结构没有本质的区别。考虑到这种情况，我们可以从实际语料出发，经过一系列的考察，围绕目前掌握的构式语法理论，对两者展开比较分析，归纳出二者的相同和不同点，为后续的研究与探索奠定基础。

第三节　表达视角下的"程度副词+名词"组合

人类在认知上的相通之处与那些在长期实践中形成的语言之间的相互关系是认知语言学的主要研究内容。而临时性显著的修辞话语实际上是对传统语言规范的创新，它符合人类在认知上的共通之处，但也是语言表达者个性化认知的集中体现。两者既有一定的差异性，又有一定的关联性。

---

① 王寅：《构式压制、词汇压制和惯性压制》，《外语与外语教学》2009 年第 12 期。

并且，不同个体的个性认知也是千差万别的。名词的研究属于认知语言学的范畴，程度副词的研究属于修辞学的范畴，所以，应该基于两种学科交叉的视角，来研究这两种词性的组合，以对不同表达者的修辞动机进行分析和探究。

一、语法现象与修辞现象

在实际的研究中，学术界将程度副词与名词的组合作为一种修辞现象，为什么会做出这样的界定，笔者先要将这一问题解释清楚，以便后续论述的展开。传统修辞学将一类词向另一类词的转化称为"转类格"，按照这一理论，可以直接将程度副词与名词组合中的名词看作形容词的转化，由于这种组合在实际表达中经常出现，有学者将这种用法的转换类推到了这种组合类型中，用语法现象来解释这种组合。

从语法的角度上来说，程度副词与名词的组合确实有对应的语法，但是要区分两种不同的转类，即历时（语法）的转类和共时（修辞）的转类。对于后者，学者方梅展开了研究，并总结了其基本特点，一是不充分的语法特征，二是可类推性不强，这两个基本特征于程度副词与名词的组合都具备。

第一，该组合中的名词只有在组合中才会转类为形容词使用，如果单独使用，很难判断其是发挥名词还是形容词的作用，必须配合程度副词才能表达明确的意义。例如：

例（1）他这个人很山东。

他这个人山东。

例（2）这种做法相当男人。

这种做法男人。①

张谊生在研究中指出，原本表示程度的程度副词，经过表达者大量的使用和发展，其程度意义已经越来越不明显了，尤其是与名词组合使用

---

①朱磊：《"程度副词+名词"组合研究》，浙江大学出版社，2020，第27页。

时，在表达上更加强调名词的转类，而忽略了状况的程度。例如，以上两个例句中的程度副词，一个"很"，一个"相当"，两者的差异不仅包括程度上的轻重，还是转类的一种标志，在例句中就是标志着名词"山东"和"男人"已经从名词转化为形容词。

第二，程度副词与名词的组合只适用于部分名词。后面的章节将会详细阐述这一点，在此就不做展开了。

在实际表达中，这种组合随着使用范围越来越广，频率越来越高，可能会转化为历时性的语法现象。在修辞转化为语法的过程中，起初会表现出不同于传统语法的规律，人们会将其看作具有显著特殊性的一种格式或用法，但是随着人们对其接受度和使用率的提高，最终会变成被人们普遍接受的通用语法。当然，这是人们根据语言发展规律作出的推测。在短期内，这一组合还是被界定为修辞现象，语言和认知的相互关联是产生这一现象的根本原因。

二、语言与认知模式

一直以来，语言都是人类认识世界的重要途径，每个个体认知中的世界实际上就是基于语言在心理世界的反映。在学习、掌握和使用语言的过程中，人们从语言中了解了我们认识世界的方式、内容、思维方式和思想理念。公共认知模式在语言的规定下逐渐形成并稳定下来，人们如何了解世界，如何为人处世都会受到该模式的影响。

认知模式决定了人们以怎样的方式去组织自身所掌握的知识，从心理层面反映人们在某一文化背景中与客观世界不断交互形成的有关认知的经验。因此，人们在与外部世界交互中形成的具有相当统一性的处理方式就是公共认知模式。

公共认知模式影响着个体对世界的认知，个体认识的发展反过来也会受到公共认知模式的限制。个体之间存在差异，这种差异表现在各个方面，包括生活环境、成长经历等，而且个体面对的现实是在不断变化的，如果这种变化过于复杂，公共认知模式的效应也会失灵。个体想要发展自我认识，就要敢于突破公共认知模式的固有思维。因此，个体在处理外部世界的过程中，以自身经验为依据的认识模式就是个体认知模式。

在了解某一事物时，个体会基于自身的认知模式对其进行个性化的解读，并在心理上产生个性化认知结果。但是基于公共认知、形成于大量实践中的语言并不能表达这种个性化的解读，此时就会出现"词不达意"的情况。为了准确地表达自己的个性化解读，表达者会进行临时性的语言创新，不同于传统语言规律的变异形式便产生了。例如：

例（3）我因公务恰巧此时也来到了人事科，一进门就看到一个黝黑的脸，不高的身材，发型也很学生的青年，当我们四目以对时，我眼前的他先是很拘谨，随即又笑了起来，很腼腆的样子。[①]

在上述例句中，表达者为了准确表达自己对事物的解读，在语言表达有限的情况下，使用了变异的语言形式"很学生"。"很学生"几乎无法在常规的语言表达中找到意思相近的词语，因为人们对发型"很学生"的理解是不一样的。综上，个体特有的个性化认知需要不同于常规语言的变异形式才能准确地表达出来。

三、意象与修辞幻象

人们对世界的认知会受到公共认知模式的影响和制约，基于此，人们针对客观事物，对其进行了类型的划分，便形成不同事物的独立范畴，人们可以更加高效准确地认识世界。基于主观经验加工处理认知，便可在心理层面形成对某一事务的认知，即"意象"，众多具有家族相似的意象聚集在一起便形成该事物的独立范畴。可以说，公众对某一实物的相对统一的认知蕴藏于范畴之中，它是大量个性认知相统一的表现，基于此，意象也是形成于大量的实践中，即约定俗成。因此，词语、句子等约定俗成的语言形式可以用来表达公共认识中蕴藏的意象。

在词不达意时，人们对常规语言形式进行临时性的变异创新来表达自

---

①朱磊：《"程度副词+名词"组合研究》，浙江大学出版社，2020，第28页。

己的个性认知结果，这个结果从心理层面上并不是人们普遍接受的认知，因此它不是意象。我们用"修辞幻象"对个体在心理上产生的基于自身认知的印象进行定义。以谭学纯为代表的学者认为"修辞幻象"本质上属于语言重构，即用语言对现实进行重构并形成心理印象。想要通过修辞幻象将个体对世界的认知成果展现出来，依然需要语言作为载体。

综上，意象和修辞幻象的主要区别是：前者具有相当的稳定性，是基于人们共有的认知模式；后者具有显著的临时性，是基于个体的个性化认知模式。例如：

例（4）别看胡萌名字很萌，其实是个声音很大叔、身材很魁梧的壮汉……

别看胡萌名字很萌，其实是个声音很厚重、身材很魁梧的壮汉……①

在上述例句中，后一句用来形容声音的"很厚重"就是基于公共认知的意象，其表达的内涵，每一个表达者和听者都是很明确的，而前一句中用来形容声音的"很大叔"就是一种变异的语言表达形式，即基于个性化认知的变异语言表达形式属于修辞幻象，其内涵要根据表达者或者听者对大叔的理解以及结合后半句中的"魁梧""壮汉"来定，这就是修辞幻象临时性的集中体现。

四、修辞幻象在"程度副词+名词"组合中的生成

词类通常与相关的认知范畴对应，如名称、形容词和动词分别对实体、性质和动作范畴进行反映。但是，个体基于自身个性化认知与世界进行互动的时候，可能从新的角度理解性质或者发现事物的其他性质。以任芝镁为代表的学者围绕认知与语义的关系展开了研究，他们发现个体为了表达自己发现的新性质或新的理解，会通过一些认知手段，如隐喻等，提取出名词中描述性的语义成分，这就是我们常见的程度副词与名词的组合，它可以突破语境和程度副词原本的表达规范及其对语义的限制。

---

① 朱磊：《"程度副词+名词"组合研究》，浙江大学出版社，2020，第30页。

　　除了上述方式，有时表达者为了反映自身所发现的新性质和新理解，会对形容词进行创新，但是这种创新在实际表达中很少出现。因为以交际为目的的修辞表达，涉及表达者和接受者，如果创造的新形容词不能被接受者理解和认可，那么这种修辞是没有意义的。表达者要考虑接受者对新的形容词的接受程度，选择合适的词语，这样对方才能理解其对事物的认知成果。所以，从人类的心理层面上来看，个体认知是可以转化为公共认知的，在发挥交际作用的过程中，也需要公共认知做辅助。在这种情况下，人们就会将约定俗成的程度副词与形容词的组合创新形成程度副词与名词的组合，实际上后者是前者的引申，提取了前者用来描述程度的语义。

　　综上，表达者之所以选择程度副词与名词组合的语言形式，主要有两方面的考虑：首先，表达者想要将自己对事物新的认知成果表达出来；其次，在交际中，表达者希望接受者能够理解和认可他的认知成果。例如：

　　例（5）这种珊瑚橘的颜色很元气！适合肤色比较白的女生……

　　例（6）那天先下了一场大雨，我们想完蛋了，我们希望办一个很有气氛的篝火晚会，下了一场大雨，不知道怎么办。还好很奇迹，正在我们要举办晚会的当下就停止了。

　　例（7）中国人倘要成就一事，必先讲求所谓天时地利人和，这是很文明、很哲理的评判标准。

　　例（8）根据名单，我开始考虑挂电话。怎么开这个口？我又费了一番脑筋。固然，先寒暄一下，然后慢慢引入借钱的话题，虽然委婉一些，却让人觉得假，很小人，要人家掏钱包了，就好话一堆。[①]

　　在以上例句中，出现了很多可以反映表达者个性认知成果的程度副词与名词的组合，如从"很元气""很小人"等，其语义可以用常规程度副词与形容词的组合来表达，比如用"很饱满"代替"很元气"，用"很虚

---

① 朱磊：《"程度副词+名词"组合研究》，浙江大学出版社，2020，第32页。

伪"代替"很小人"等，这样的引申可以帮助接受者理解表达者的认知成果。

表达者必须同时具备了以上两方面的动机才可以选择程度副词与名词的语言形式，表达自己新的认识成果是个体认识世界的必经途径，让他人理解自己的认知成果是公共认知活动的内在要求。因此，我们要用辩证统一的眼光来看待公共与个体认知模式之间的关系。

基于以上对修辞动机的论述，结合个体和公共认知模式之间对立统一的关系，我们将修辞幻象划分为修辞幻象1、修辞幻象2、修辞幻象3三种类型。

在三者之中，个体认知性从强到弱依次是修辞幻象1、修辞幻象2、修辞幻象3，公共认知性从强到弱依次是修辞幻象3、修辞幻象2、修辞幻象1。两种认知呈渐进性的过渡，这也就决定了修辞幻象与意象及三类修辞幻象之间没有明确清晰的界线，均呈渐进性的过渡形态。

语言是人们交际的载体和工具，语言交流实际上就是语义的交流。所以，在具备一定语义的环境下进行语言交流，才会生成不同类型的修辞幻象。在程度副词与名词的组合中，名词可以作为形容词使用，是因为表达者提取了名词中描述性的语义，同理，使用这些语义成分才能生成修辞幻象。

在提取名词语义时，由于名词包含不同类型的语义，因此需要分层次提取。一个名词首先会有理性义，作为核心意义具备最高程度的社会约定性。其次是联想义，包括人们共知和只被部分人知晓的联想义，在社会约定性方面，它低于理性义。最后就是社会约定性最低的言语义，具体就是面对名词时，个体基于自身的经历、环境等产生的特有的联想，这种联想其他个体并不会产生，它是个体认知的产物。

在程度副词与名词的组合中，从名词不同类型的语义成分中提取描述性的语义，就生成修辞幻象。修辞幻象1就是表达者提取了名词言语义中描述性的成分，组合具有最强的个体认知性；修辞幻象2就是表达者提取了名词联想义中描述性的成分，组合的个体认知性和公共认知性适中；修辞幻象 3 就是表达者提取了名词理性义中描述性的成分，组合具有最强的公共认知性。在交际中，为了尽可能地表达自己的个性化认知成果且得到他人的认可，表达者可以提取名词言语义、联想义描述性的成分，修辞幻象 2 便生成了，也可以同时提取理性义与其他一种或者两种语义类型中描述性的成分，修辞幻象 3 便生成了。通过以上论述，对不同修辞幻象基于哪种名词语义类型进行总结，具体如下：

修辞幻象 1——言语义。

修辞幻象 2——联想义+（言语义）。

修辞幻象 3——理性义+（联想义）+（言语义）。

五、修辞幻象与"程度副词+名词"组合的对应

针对程度副词与名词组合中的名词，以刘晓峰为代表的学者进行了大量的研究，他们发现名词的类型与其进入该组合可能性的大小相关。按照可能性从大到小排列名词类型，依次是抽象、具体和专有名词。但是名词类型和修辞幻象的划分不属于同一个层面，前者是句法，后者是修辞。两种层面遵循各自的规律，当两者交互作用时，产生的认知结果是复杂多变的，包括语义的交错、合并等。

为了验证不同类型名词与修辞幻象之间的对应关系，需要有一个表现其关系的形式。一般都在具体的句式中比较容易概括名词的语义特征，如果脱离句式，则很难从单独的词语中分析概括出其语义。

词的类型，本质上就是对功能进行表述的一种语法。修辞幻象 3 具有最强的公共认知性，组合中的名词基本上被当作形容词使用，具有极强修饰和表述功能，其他类型名词的这些功能都不及它。例如：

例（9）很鲁迅的风格　鲁迅的风格

很美国的做法　美国的做法

很学者的举止　学者的举止

很女人的着装　女人的着装

很城市的生活　城市的生活

很奶油的男生　奶油的男生

很大丈夫的品质　大丈夫的品质

很喜剧的人生　喜剧的人生

很铁杆的球迷　铁杆的球迷

很官僚的作风　官僚的作风

很诗意的品质　诗意的品质

很高潮的时刻　高潮的时刻

很智慧的人生　智慧的人生

很苦情的岁月　苦情的岁月

很军事的训练　军事的训练①

在每组短句中，前一个短句的格式是"很+名词1+的+名词2"，后一个短句的格式就是在前者的基础上去掉程度副词"很"。从例（9）中可以看出，名词1类型分别是专有和具体名词、具体名词、抽象名词。

观察每组短句中的名词1可以发现，例（9）中的名词1分别表示领属、属性、属性。表示属性的名词最具有形容词的表述功能，因此将其划分为修辞幻象3，表示领属的则不属于此类型。对比分析3组短句可以发现，修辞幻象3对应的名词类型为部分具体名词和全部抽象名词。

区分出修辞幻象3的名词后，我们从剩下的名词中，对属于修辞幻象2的名词进行分离。剩下的名词还有专有名词和部分具体名词，我们可以通过以下例句分析具体名词：

例（10）

他很棉线　＊他（不）像棉线

他很床单　＊他（不）像被子

他很板凳　＊他（不）像板凳

①朱磊：《"程度副词+名词"组合研究》，浙江大学出版社，2020，第36页。

他很油画　　*他（不）像油画

他很头发　　*他（不）像头发

他很老虎　　他（不）像老虎

他很面条　　他（不）像面条

他很爷们　　他（不）像爷们

他很电脑　　他（不）像电脑

他很宝石　　他（不）像宝石

他很战斗机　　他（不）像战斗机①

以上例句中的名词前面分别加上了"很"和"像"，抛开修辞幻象3，就陈述功能而言，修辞幻象2要强于修辞幻象1，比较例句可以发现，如果名词前面加上"像"能够构成比喻句，那么这个名词就属于修辞幻象2的范畴，如果需要另外进行补充说明才能构成比喻句，那么这个名词就属于修辞幻象1的范畴。个体的认知不同，对于能否构成比喻句的看法也是不同的，这也从侧面反映了不同类型修辞幻象之间是渐进式的过渡状态。

然后，我们再通过以下例句对表示人名、地名的专有名词进行分析：

例（11）　他很张三　　他（不）像张三

　　　　　他很李四　　他（不）像李四

他很张爱玲　　他（不）像张爱玲

他很诸葛亮　　他（不）像诸葛亮②

上述例句中表示人名的专有名词前都加上了"像"，如果名词可以自足构成比喻句，这个名词就属于修辞幻象2的范畴，如果名词构成的是比较句，这个名词就属于修辞幻象1的范畴。观察以上两组例句，可以发现例（11）中的名词分别始于修辞幻象1和2。

①朱磊：《"程度副词+名词"组合研究》，浙江大学出版社，2020，第37页。
②朱磊：《"程度副词+名词"组合研究》，浙江大学出版社，2020，第38页。

对于表示地名的专有名词属于哪个修辞幻象范畴，主要取决于人们对地名的熟悉程度，熟悉程度高和低分别可以划入修辞幻象 2 和 1，但是高低是一个相对的概念，我们还未发现确切的判断标准，或者说这也是修辞幻象之间渐进过渡的表现。

上文详细阐述了表达者使用程度副词与名词组合的两大动机，我们可以发现，在实际交际中，理论上属于修辞幻象 2 和 3 的名词可能不会明显地显现出来，当表达者想要使用这种组合，它们才会被当作修辞幻象的一部分出现。

本节只是大致地总结了名词类型与修辞幻象类型之间的对应关系，具体哪些名词属于修辞幻象 1 和 2，两者的比例大小等，还要在今后的研究中继续探索。

六、"程度副词+名词"组合在表达中的具体体现

为了更好地表达自己的认知成果，表达者在使用程度副词与名词的组合时，应该如何运用不同的修辞幻想，笔者将会在本小节进行详细的探究。

（一）属于修辞幻象 1 的组合

提取了名词言语义描述成分的修辞幻象 1 的约定性最弱，如果表达者想要完全表现出自己的个性化认知成果，可以使用该类型的程度副词与名词的组合，其中，名词的类型为专有和具体名词。

像具体名词"门""房屋"，其词典释义的语义功能仅为指示，缺乏描述性。人们基于生活经验，将"门"理解为进出房间的通道口，将"房屋"理解为有墙壁、屋顶、门窗等的建筑，在公共认知的制约下，人们看到这些词语只会想到它的理性义，不会产生联想义。所以，如果将其与程度副词组合在一起生成修辞幻象，如"很房屋""很门"，会让人不知所以。

专有名词一般是指地名或者人名，它们的内涵就是地方或者人的特

指，不属于公共认知范畴，所以诸如"太王五""特别小康村"等组合的修辞幻象也不容易让人接受。

综上，如果程度副词与名词的组合中提取了名词言语义成分，该名词就属于修辞幻象1，此时，必须借助具体的语境，人们才能理解表达者的认知成果。在下列例句中的具体语境中，人们就可以理解"很张三"所表达的语义。例如：

例（12）在一个单位中，有个叫张三的人经常干损人利己的事情，惹得大家相当不满。他的恶名在单位也是尽人皆知。某天，单位里的李四做出了有损王五利益的行为。王五气愤地说："李四这个人也很张三。"①

在实际的语言表达中，很多修辞幻象1的表达形式都是源自文学作品。例如：

例（13）你经常说王四海为人奸诈，不讲义气，你看看你做的这些事，更王四海。（汪曾祺《王四海的黄昏》）

人们通过阅读《王四海的黄昏》对王四海是一个怎样的人有所了解，作品营造的语境也为人们理解"更王四海"进行了充分的铺垫。

但是在日常交际中，不可能像文学作品那样做那么多的铺垫，就为了让接受者理解某个词，因此这只是一个个体特有的表达形式，不具备社会化的条件。

（二）属于修辞幻象2的组合

如果表达者想要在表达个性化认知的同时，尽可能地让接受者理解和认可自己的表达，在运用程度副词与名词的组合时，就会提取名词的联想义，这就生成了修辞幻象2。其中，名词类型主要是专有名词和部分具体名词。

对于这类词语，由于公共认知的制约，人们产生的联想义基本上是一样的。比如，提到"雷锋"，人们首先想到的就是"乐于助人、无私奉献"；提到"狐狸"，人们想到的就是"狡猾、诡计多端"等。

①朱磊：《"程度副词+名词"组合研究》，浙江大学出版社，2020，第39页。

相较于"很张三""非常李四"这样的表达，以下例句就更加容易理解了。例如：

例（14）她这个人特绵羊。

例（15）操场上，大家一起追逐打闹，阿扎觉得自己能给别人带来欢乐，"这很雷锋"。

例（16）买鞋送的二月兰，我懒到现在才开始种。很葛朗台地放自己桌上，可惜没阳光。①

上述例句中"特绵羊"与"非常乖巧温顺"，"很雷锋"与"特别乐于助人、无私奉献"，"很葛朗台"与"非常抠门吝啬"有着类似的修辞幻象。

在上述例句中的三个名词中，基于公共认知和共同的社会生活环境，人们对"雷锋"和"绵阳"的理解大体一致，但是"葛朗台"是文学作品中的人物，只有读过《欧也妮·葛朗台》的人才会了解这个人物的性格，不关心文学作品的人就很难理解了。

不是说名词的言语义不会被运用于修辞幻象2的表达，表达者为了凸显自己的个性化认知成果，加上对接受者理解程度的考虑，通常会基于公共认知，对名词的言语义尽可能地进行运用。

比如，提到"男人"这个具体名词时，人们就会想到"勇敢的""高大强壮的"等形容词，但是表达者为了凸显自己的个性化认知成果，会创设一定的语境，提取其言语义和联想义的成分，生成的修辞幻象2也会有所不同。例如：

例（17）我的祖父是个军人，很男人，不会说一些贴心的话，却是祖母一生最大的支柱。

例（18）他称自己查阅典籍、翻阅旧照片后了解到，太监不一定是女声女气的，更多的是接近童音；外形上也雌性激素越来越多，而是因雄性激素越来越少，导致看上去不是很男人。

---

①朱磊：《"程度副词+名词"组合研究》，浙江大学出版社，2020，第39页。

例（19）拳击，一项让人感觉很暴力、很男人的运动，你可能会想到拳王阿里、"野兽"泰森。

例（20）背面的金属拉丝纹质感浓厚，下半部则是仿人工皮革的材质搭配，很男人的一款手机。

例（21）在场上不要标榜自己多能喝，很男人地与人划拳喝酒了，真正在乎你的人是不会看着你喝到醉醺醺的。

结合篇章语境，可以看出例（17）至（21）中的"男人"分别与"可靠、不善言谈""高大强壮、粗犷""具有很强的冲击力和对抗性""大气厚重""干脆爽快"具有类似的修辞幻象。

再如具有不同言语义和联想义的名词"中国"，近些年，随着我国综合实力和国际影响力的不断提升，人们会通过"很中国"的语言形式制造不同的修辞幻象2。例如：

例（22）他是一个横空出世的、天才型的创作人。我觉得他最大的一个特点就是他很中国。他所有的作品都是看似风平浪静，实则波涛汹涌。这就很符合中国人的性格，卧虎藏龙。

例（23）在全世界的目光下，新申重新定义着中国亚麻时尚：它以中国文化为根，以极包容的姿态融合着现代时尚设计与国际流行趋势，形成一种底蕴深厚、高贵脱俗又非常容易被人们接受的亚麻时尚。在中国人眼中，新申亚麻面料"很世界"；在外国人眼中，新申亚麻面料"很中国"。

例（24）在悉尼唐人街一家奶茶店，三名中国游客同时使用支付宝，这场景"很中国"。有游客开玩笑称，这一刻，仿佛又游回到了中国。

例（25）不要让祖先蒙羞，这种想法很中国。

例（26）得知消息后，海外网新西兰频道及时展开报道，引来许多网友互动留言："祖国力量，这很中国！""'满天'都是中国救援飞机，无比骄傲。"10余篇追踪报道，多角度呈现了危急时刻祖国的"全力"救援。

结合篇章语境，可以看出例（22）至（26）中的"很中国"分别与"有实力却很低调的性格""基于深厚文化底蕴的高贵脱俗的设计""移动支付取代现金支付的现代化生活方式""强烈的民族自尊心""把人民的生命安全放在首位"有着类似的修辞幻象。

（三）属于修辞幻象3的组合

如果表达者在日常交际中，想要让对方完全理解自己的认知成果，就需要提取名词理性义的描述性成分来使用程度副词与名词的组合，进而生成公共认知性最强的修辞幻象3，其中，名词的类型以部分具体名词和抽象名词为主。

抽象名词指示的是那些不可见的、心理层面的事物，人们主要是通过描述其性质来解释其含义的，因此，这类词的理性义成分中，有很多是描述性的。

人们在抽象名词理性义中丰富的描述性成分中进行提取，生成下列例句中不同的修辞幻象3：

例（27）今年1月就任总统后，特朗普15日首次返回他在纽约的住所。他在回答媒体记者提问时说："这一边的团体很糟糕，那一边的团体也很暴力。"

例（28）1984年她与万梓良合作的《唐朝豪放女》轰动一时，相当激情，并由此迅速走红。

例（29）上深下浅的配色方案不但将其彰显得更加端庄大方，同时还会显得很青春很恬静。

结合篇章语境，可以看出例（27）至（29）中的"暴力""激情"和"青春"分别与"残暴凶狠的""强大气势的""积极的、有活力的"有着类似的修辞幻象。

为了更加充分地表现自己的个性化认知，有时，表达者会在理性义的基础上，提取抽象名词言语义或联想义中描述性的语义成分。

例（30）推选最品质的杭州都市圈。

抽象名词"品质"在《现代汉语词典》（第7版）中的解释是：行为、作风上所表现的思想、认识、品性等的本质；物品的质量。这里的本质和质量包括所有层次的本质和质量，但是在实际交流中，人们总是使用表示较高本质和质量的联想义，如"优秀""高档"等，如房地产广告语"尽享品质生活"。上述例句中的"最品质"就提取了品质的理性义和联想义中的描述性语义成分，与"最优越"有着类似的修辞幻象。例如：

例（31）我的新领导是一个很野心的人，得罪他的人都会被他修理到服从他。

抽象名词"野心"在《现代汉语词典》（第7版）中的解释是："对领土、权力或名利的大而非分的欲望。"结合篇章语境，上述例句中的"很野心"与"让人恐惧害怕"有着类似的修辞幻象，这也就是提取了"野心"的理性义和言语义中的描述性语义成分。

部分具体名词随着人们在日常生活中的应用，逐渐衍生出比喻义，这样一来，具体名词的联想义就升格为理性义。比如，抽象名词"悲剧"在《现代汉语词典》（第7版）中的解释是："戏剧的主要类别之一，以表现主人公与现实之间可调和的冲突及其悲惨结局为基本特点。比喻不幸的遭遇。"

表达者在使用程度副词与具体名词"悲剧"的组合时，就可以提取其升格理性义中描述性的语义成分，以下例句就是这种情况。

例（32）还有，上海人也挺悲剧的。关心"半夜睡不着数绵羊""便便通畅是至高享受"标签的人中，上海人的比例均列第二，也就是说不少上海人既失眠又便秘。

悲剧的比喻义又可划分为指示抽象事物的隐喻义，但是其本义是戏剧形式，因此，人们在大多数情况下使用的还是它作为具体名词的功能。

例如，具体名词"禽兽"，在《现代汉语词典》（第7版）中的解释是："鸟和兽，比喻行为卑鄙恶劣的人。"表达者在使用程度副词与具体名词"禽兽"的组合时，就可以提取其比喻义中描述性的语义成分，以下例句就是这种情况。

例（33）林子大了什么鸟都有，我们的教师队伍中，有感动亿万人的舍身保护学生的"最美女教师"张丽莉，也有屡屡对女学生下手的"最禽兽教师",这回又添了个面斥学生"三无"的"最势利教师"。教师队伍也需激浊扬清。

结合篇章语境,可以看出上述例句中的"最禽兽"与"非常狠毒"有着类似的修辞幻象。

再如,"白痴"在《现代汉语词典》(第7版)中的解释是:"精神发育重度不全的病,患者智力低下,动作迟钝,语言功能不健全,严重的生活不能自理;患白痴的人。"以下两个例句就是提取了"白痴"比喻义中的描述性语义成分,因此,均属于修辞幻象3的范畴:

例(34)网上交流尤其麻烦的是,无法沟通的原因,传者不知如何解读:也许对方不在乎,也许觉得你太白痴,也许对方版本不够内存太低,也许刚好肚子疼……

例(35)搞笑图片,太白痴了,太可爱了。

比较以上两个例句可以发现,它们都提取了"白痴"理性义中的比喻义,不同的是,例(35)在此基础上,还提取了其言语义中的描述性语义成分。

在所有类型的修辞幻象中,公共认知性最强的就是修辞幻象3,因此,它被人们理解和认可的可能性也最大。如果人们接受了修辞幻象3,那么个性化认知很可能会过渡为公共认知,成为一种意象。如"很科学"这种组合,随着人们的使用,逐渐被大众接受认可,已经从修辞幻象3过渡为意象,人们将其作为兼类词使用。

第四节 接受视角下的"程度副词+名词"组合

目前,程度副词与名词这种语言组合在实际生活中的应用越来越广泛,我们从接受视角来研究该组合,可以从更深的层次对其产生的动机、原因及如何运用该组合进行理解,并且在其他非常规的语言形式、现象中应用上述研究成果。从修辞的角度来看,我们需要结合具体的话语活动来理解和运用程度副词与名词的组合形式,这种异于常规语言表达的固定模式，突破了接受者原本对语言表达的认知，在接受的过程中，他们很容易对文本进行有意识地注意，更加深刻地理解表达者个性化的修辞文本。所以，接受者要以该组合作为出发点和落脚点来理解运用这种组合的话语意义，这样才能准确理解表达者的个性化认知成果。

对于话语意义的理解，一方面是理解其本义，另一方面还要结合表达者的状态、所处的环境等，挖掘其更高层次的含义。本节对接受者在理解该组合语义时，所处的接受语境的构成及其对组合认知的影响展开研究。

一、接受活动的定义

产生于接受活动的接受语境，也会反过来影响接受活动。这里，我们首先要对什么是接受活动进行明确。

表达对应的接受，但这不表示逆向操作表达活动就能产生接受活动。语言作为一种可以与句子的语言和语义表征相匹配的编码，在传递表达者认知时，并不能只依靠其语义表征，两者之间还需要经过一定的"推理"。因此，在接受活动中，想要准确理解表达者的认知成果，以及产生这种修辞文本的动因及其作用，就要充分利用"推理"。作为一种非常规的修辞现象，程度副词与名词的组合突破了语言表达的固有模式，接受者需要下意识地注意它，挖掘其文字背后的深层含义。

本文主要对非常规修辞现象中的接受活动展开探究，这种接收活动具体就是接受者在一边理解表达者的修辞文本，一边探究其制造修辞文本的动机、原因及其发挥了怎样的作用。

在日常交际中，接受者已经具备了一些认知的经验，在接受程度副词与名词组合的过程中，人们会基于激活抑制的语言认知模式，以扩散的形式激活深层意识，激活那些与修辞文本相关的语义信息，然后结合文本语境对语义期待进行明确，从而凸显出与语义期待相吻合的信息。例如：

例（1）装修最花钱的是厨房和卫生间，但小户型的厨房和卫生间一点也省不了，相反因为需要更多的收纳空间导致成本上升，从成本角度来说是个很鸡肋的产品。

在理解上述例句中的"很鸡肋"时，接受者在激活抑制模式下，意识中会出现与鸡肋相关的语义信息，如鸡的肋骨，吃到鸡肋骨的感受，身体瘦弱的人及对它的评价"食之无味，弃之可惜"等。然后，接受者结合文本中的表述，如"装修""成本"等，确定语义期待就是对鸡肋的评价——食之无味，弃之可惜。

语言的激活抑制模式属于深层意识，不会随着人的主观意识转移，而在本节论述的接受活动中，接受者是可以自主发挥的，我们将这种接受活动称为修辞的接受活动。

接受在确定语义期待的时候，需要结合修辞文本的具体表述，这些具体表述就是接受语境，同样的，接受语境是一个复合性的有机体，它包含不同的层次和结构。

二、接受语境构成的剖析

接受活动涉及多种因素，其中一些因素，比如神经、认知，在我们的日常生活几乎是接触不到的，但是我们可以基于接受效果来一层层剖析接受语境。孙长彦指出，现实结构和可能因素是构建言语交际环境需要考虑的两个问题，其中，前者的材料来源于后者，而后者与言语交际行为相互作用可能产生前者。基于此，在对程度副词与名词组合的接受语境进行理解时，需要考虑众多可能因素，这些因素与接受者自身的认知相互作用，就会形成接受者个性化的现实结构。

（一）接受语境中的可能因素

语言内外的所有领域几乎都包含在接受语境所涵盖的范围之内，所以，我们不能列出所有的可能因素。但是上文将接受活动定义为接受者在理解修辞文本的同时，发挥主观能动性对制造修辞文本的动因及其作用进行探究的过程，我们可以知道，在接受活动中，接受者需要解决三个问题：一是对文本的语义进行明确，二是探究表达者使用修辞文本的动因，三是体会修辞文本的作用。由此可知，接受语境中可能存在与这三个问题相关的可能因素，依据不同的可能因素，接受者可以对修辞文本进行不同程度的理解。在剖析接受语境时，我们应该加强对可能因素的把握。

程度副词与名词的组合先是组成话语的一部分，而话语又处在文本中，因此，在接受语境的可能要素中包含文本因素，并且该因素是组合语义的重要判断依据。例如：

例（2）对于这一问题乐视网方面显然是有所准备，他们只是很官方地回应称："股价走势受到多重因素的影响，公司无法对复牌后的股价进行判断。公司提请投资者注意投资风险，特别是融资融券、股权质押等方式下的投资风险。"

例（3）林远不觉得自己是一个很物质的人，可他确实越来越在乎稿费和收入。

在对上述例句中的"很官方""很物质"进行理解时，接受者需要结合文本中的相关描述加以判断。

作为一种语言现象，接受者在理解程度副词与名词的组合时，必定会结合自身的语言认知经验①，因此，接受语境因素一定也包含语言知识因素。

例（4）V领的设计在多数千篇一律的黑色毛衣中也算是很特色的，粉色大衣玩反差的视觉用其他颜色也是打破黑压压的视觉。

例（5）沿着大洋路继续骑，景点一个接一个。站在这个沙滩上，望着前方的岩石，感觉很梦幻。

在理解例（4）、例（5）中的"很特色""很梦幻"时，接受者首先要知道"特色"和"梦幻"的本义，其次再提取出描述性状的语义成分，结合程度副词判断组合的语义。因此，理解文本中"很特色""很梦幻"的语义，前提条件是接受者知道它们的本义，否则就无从判断。

作为一种非常规的修辞现象，程度副词与名词组合的理解如果只依靠

①对于普通人而言他们的语言知识不如语言研究者那样清晰，这里更多的是指母语人所拥有的语感。

词典释义是不现实的，并且，也不能运用语言表达的定型模式去探究其产生的动因，接受者需要结合自身认知经验，运用多个领域的知识去理解它。因此，接受语境因素一定也包含百科知识因素。

例（6）"老年人觉得很怀旧、年轻人觉得很时尚、华侨觉得很乡土、外地人觉得很闽南。"红砖古厝、出砖入石、飞檐翘角的五店市，已成为晋江新的文化地标和城市会客厅。

例（7）显然，中国游客是受到了浪漫、历史感、奢华、高品质这些"很法国"的元素的吸引。

接受者在理解上述例句中的"很闽南""很百科"时，结合文中的具体描述，可以发现，程度副词与名词这一组合并不是很难理解，但是想要更加顺畅、精准地理解表达者的认知成果，接受者就要从自身掌握的百科知识中提取与"法国"和"闽南"相关的人文、地理等信息，而词典释义并不能完全罗列出这些信息。

作为语言现象，程度副词与名词的组合通常都是出现在一定的场合和情景中，不同的描述对象给人的感受及修辞文本的作用都是不同的。因此，接受语境因素一定也包含情景因素。

例（8）导师很毒舌，要求很严格，竞争很激烈，选手们在层层的重压之下，求生存，求胜利。

例（9）之前看美剧以为她会很毒舌，没想到她人很好，真的很专业。

上述两个例句中都有"很毒蛇"，但是出现的情景是不同的，例（8）是竞选，例（9）是人际交往，给人的感觉是不一样的，前者倾向于对导师认真严肃的肯定，后者倾向于对她说话刻薄尖锐的批评。

在不同的社会文化环境中，程度副词与名词组合的修辞意义和作用也是不同的，接受者想要深刻理解和认可该组合，就需要对使用该组合时所处的社会文化环境进行准确的把握。所以，接受语境因素一定也包含社会文化因素。

例（10）大家常常批评某部戏很狗血，往往意味着它有强烈的戏剧冲突，当冲突到了一定程度，就会让你怀疑，这是真的吗？现实中有可能发生吗？

例（11）我看似很正常，其实也很奇葩。所以我们的感情戏就是两个奇葩遇到一起了。

例（10）中的"很狗血"和例（11）中的"很奇葩"是娱乐报道中的高频词汇，但是在大众的日常交际中是很少出现的，它们具有常规语域之外的语义，与"很"组合在一起，就更加新颖独特，接受者如果不关注娱乐报道，不与当前的娱乐圈文化相结合，是很难理解和认可这些组合的。

修辞的接受活动是接受者可以发挥主观能动性的接受活动，接受者理解组合语义的程度会受到其接受动机强弱的直接影响，所谓接受动机就是接受者探究非常规语言现象的意愿，接受者对程度副词与名词组合的实际理解程度与其有着密切的联系。因此，接受语境因素也包含心理因素。

例（12）确实在职场我有强势的一面，那是我觉得有些东西我需要坚持自己的主张，但私下关起门来，和身边的人在一起，我也有很温柔很女人的一面。

例（13）我希望演很不一样的角色，最想演的可能是黑道女人，或者东方不败，就是那种集男生的刚强跟女生的美于一体的，我外形给人感觉很女生，但其实我内心住着一个男人的心，比较坚强。

上述例句中的"很女人"和"很女生"的语义差不多，接受者可以将其放入同一语义场理解，但是从表达者的使用频率来看，前者要高于后者，这就会激发接受者探究其语义作用的动机。

综上，诸如程度副词与名词这样的非常规语言现象，主要包含文本、情景、社会文化、语言知识、百科知识和心理这六大接受语境因素。

（二）接受语境中的现实构成

接受环境作为修辞活动的重要条件，同样也是不断变化、具有认知性的，这样构成接受环境的可能因素才有可能形成现实结构。

接受语境属于认知语境的一种，不同的个体理解话语的过程是不同的，认知语境就是个体在这一过程中不断选择的产物，在听到话语之前，个体是无法确定认知语境的。在理解程度副词与名词组合的过程中，接受者基于自身的经验、认知和习惯等，关注的重点是不一样的，进而激活不同的现实结果。以现实结果为依据，可以将接受语境划分为三个不同的层次，按层次从高到低排列依次是审美、理据和意义语境。

接受者在三个层次的重点各有不同，需要刺激的可能因素也不同，具体在意义、理据和审美语境层次中，其重点分别为理解词组的语义、探究表达者选择该组合的原因和动机、从审美的角度体会组合的意蕴和价值，需要刺激的可能因素分别为文本与百科知识因素、语言知识与百科知识因素、社会文化与情境因素。

通常来讲，接受者首先进入的是意义语境，其次再进入理据语境，最后进入审美意境，因为了解组合语义是探究其存在理据的前提，弄清楚这两个问题才能从审美的角度发现非常规修辞的价值。因此，在三个语境中，层次最高的是审美语境，理据语境次之，最后是意义语境。接受者完成低层次语境的接受活动后，才能开始更高层次的接受活动。在深刻理解程度副词与名词组合的语义之后，接受者才能激发相关因素进入更高层次的语境。

三、对"程度副词+名词"组合接受活动的具体分析

想要完全理解和认可程度副词与名词的组合，接受者必须先后经历接受语境的三个层次，即意义、理据和审美语境。但是该组合的修辞幻象有三种不同的类型，因此，接受者在整个接受活动中会经历一个比较复杂多变的过程。

(一) 意义语境下的接受活动

程度副词与名词的组合打破了语言表达的固有模型，面对这种变异的语言形式，接受者必然会结合篇章语境，通过文本中的描述，对其语义进行判断。根据语言的自反性，一个词语会受到其所在结构其他部分的结构

压力，以限制这个词的语义，这个词可能就会具备相应的特征。因此，在理解组合语义时，接受者必定会以其前后的文本为依据进行，并刺激其他因素，如情景、百科知识等因素，更加深入、准确地理解组合的语义。

以下3个例句都是需要结合文本和百科知识因素来理解"很中国"的语义。

例（14）大家都认为我的长相很中国，脸上刻着五千年的沧桑……

例（15）来北京建言，老外"很中国"。

例（16）夏天最受欢迎的意大利面吃法：今天就用很中国的方式做。

在理解例（14）中的"很中国"时，接受者要结合文本中对中国面庞的描述，可以确定其语义就是"历经岁月沧桑、苍老的"；在理解例（15）中的"很中国"时，接受者要结合文本"来北京建言"，知道其是中国民主自治的特有现象，可以确定其语义就是"对中国国情十分了解的"；在理解例（16）中的"很中国"时，接受者要结合文本用"最受欢迎的"描述意大利面，可以确定其语义为中餐式的做法。

有时，只结合文本的描述，仍然不能确定组合的意义，这时就需要接受者搜寻相关的百科知识因素来辅助解读。下列例句就是这种情况。

例（17）A："你的品质怎么样？"

B："我的品质很中国。"

这种回答在现实生活中经常会出现。理解这里的"很中国"，就需要接受者借助百科知识因素，从文化、地理、历史等方面搜寻与中国相关的信息，并结合其修饰对象"品质"，可确定其语义大概就是含蓄、谦虚、质朴。

接受者进入意义语境，可以结合文本等其他相关因素，对程度副词与名词组合的语义进行理解，此时只是完成意义语境的接受活动，还未进入理据语境。因此，还不清楚表达者选择这种非常规语言表达形式的动因。此时，如果接受者不愿继续探究，满足于对组合语义的理解，接受活动基本就结束了。在不了解组合产生理据的情况下，接受者可能会认为这只是一种不符合语言表达逻辑的修辞现象。

（二）理据语境下的接受活动

在理解程度副词与名词组合的基本语义后，部分接受者会注意到这种非常规的语言形式，不禁会思考，这种表达形式是否合理，是否可以运用到其他地方？在这一过程中，接受者为了理解其存在的合理性，就会调动语言和百科知识因素，以期从中找到答案。

接受者会针对组合的合理性，基于语言知识因素制定一个判断标准。该组合在语法层面属于形容词性的短语，而形容词性的短语综合了副词与形容词等其他组合构造的特征，接受者看到程度副词与名词的组合首先会将其与形容词性的短语进行对比，其次会自然地将组合中的名词转化为形容词来看待，如果发现名词中含有明显的描述性成分，那么名词作为形容词来使用在该组合中就是成立的。

确定组合在语法上的合理性后，还要结合文本的具体内容进一步判断其合理性，此时就需要借助百科知识因素了。

首先，在判断组合合理性的过程中，百科知识因素占据着重要地位。看到具体的程度副词与名词的组合后，接受者就需要对名词的性状特征进行罗列和筛选，此时，就需要丰富的百科知识做支撑。例如，上文关于"很中国"的4个例句，中国作为具体名词，它涉及多个方面的多层含义，包括文化、历史、地理等，接受者主要可以从社会评价、人文及政治的角度去提取它的性状特征，此时，如果接受者只知道中国的文化、地理等方面的知识，对中国的社会、经济、政治等相关内容缺乏了解，就不能很好地理解4个例句中出现"很中国"的理据。

其次，在公共认知的影响下，人们在理解程度副词与名词组合的时候，很可能会产生相同或相似的认知结果，如果该组合隶属于修辞幻象3，那么名词的语义就主要来自其理性义，而理性义属于人们的公共认知，此时，人们提取的名词的性状特征就基本一致。例如：

例（18）在秦火火和立二拆四制造的谣言里，有相当低端，错漏百出的。如此"低端"的谣言，为何能轻易传播，让那么多人相信和转发？一个只有高中文化程度的"秦火火",是靠什么忽悠网民的?

例（19）蔡防委员也认为，电子商务三方中最弱势的是消费者，其次是电商经营者，平台经营者最强势，立法应多保护消费者。

例（20）签书会是到一个地方去跟你的读者见面，说一声"谢谢"，是一个很人情的事情。

例（21）但如果你所在的车次及线路非常热门，怎么抢都抢不到票的话，那么建议你预订机票或客运车票多手准备。

根据《现代汉语词典（第7版）》的释义：根据《现代汉语规范词典》（第二版）的释义，"低端"指"等级、档次、价位等再同类中较低"；"弱势"指"①变弱的趋势；②弱小的势力"；"人情"指"①人的感情；人之常情；②情面；③恩惠；情谊；④指礼节应酬等习俗"；"热门"是指"吸引必须多人的事物"。因此，在例（18）至例（21）中，"低端"拥有的性状特征是"肤浅"；"弱势"的性状特征就是"弱小"；"人情"的性状特征是"充满情感的"；"热门"的性状特征是"受欢迎的"。

如果程度副词与名词组合隶属于修辞幻象2，那么名词的语义主要来源于其联想义。不同接受者的认知经验、生活环境等都是不同的，因此，在理解组合理据的时候会存在差异，得到不同的认知结果。以下例句组合中的名词分别为专有、常用和流行名词：

例（22）对比一下才发现，四代机的座舱"很F—22"。

例（23）她是天秤座的女生，很内向，被我这个外表很鸣人内在很佐助的人喜欢上了。

例（24）令人无法理解的日本现象级问题，可以，这很日本人。

例（25）史上最菜鸟最无能的警察。

在理解探究例（22）中"很F—22"的语义和理据时，接受者首先要具备相关的百科知识，这里就是军事知识及前沿资讯，知道F—22是美国现代战斗机的型号。

在理解例（23）中"很鸣人""很佐助"的语义时，接受者就需要具备相关的百科知识，这里就是日本动漫圈经典作品，文本中的佐助和鸣人都是日本知名动漫人物，前者性格具有强大意志、外冷内热、独立存粹，后者性格幽默、信仰十分坚定，了解了这些，接受者才能提取两个名词的性状特征。

在理解例（24）中"很日本人"的语义时，接受者需要先了解日本的社会文化、民族特质，这样才能提取"日本人"的形状特征，再结合副词"很"理解组合的含义。

在理解例（25）中"最菜鸟"的语义时，接受者要对网络语言有所了解，基本上能理解的都是经常在网上冲浪的，这里可以从具有类似修辞幻象的"非常幼稚无能的"中提取菜鸟一词的性状特征。

同时，接受者的百科知识因素也会反过来受到程度副词与名词组合的影响，如果文本中多次出现该组合，接受者就会频繁进入其意义语境，其百科知识因素可能会发生改变，会认为该名词本身就具备文本语义所对应的性状特征。

例（26）做人不能太 CNN。

例（27）一个集装箱算小户型，两个重叠在一起就算跃层，大家都很柜族，还有什么不妥的呢？

在初次接触"太 CNN"时，很多接受者都是一头雾水，首先它是一个英文缩写词汇，其次它是一个和时政有关的词语，大部分人对这两个领域的关注度都是比较低的，因此，并不了解其语义，也不明白为什么会出现这种表达组合。但是这个组合频繁地出现在大众视野，甚至成为当年的网络流行热词，一些接受者受到影响后，就产生了探究其产生理据的意愿，了解其是美国电视新闻网，经常用来比喻人的"双标"，进而认可这种表达形式，也重建了自己的百科知识体系。

例（27）中的"柜族"也是现代流行语，本义是指那些买不起房子，只能在集装箱居住生活的人，它与"贵族"同音，经常用来调侃自己或者他人的窘迫境遇。本来人们并不了解该词的含义，但是随着该词的流行，生活中到处都有它的影子，接受者开始了解其含义和产生的理据，并逐渐认同，自身的百科知识体系也随之改变。

如果在大部分接受者的认知经验中，并不存在程度副词与名词组合中名词的性状特征，同时，这种组合又不具有社会性和普遍性，接受者接触的机会并不多，此时，接受者就会对其是否合法质疑。在程度副词与名词组合中，很少出现的人名和国名，这类词语想要获得人们的理解和认可是很难的。

综上，容易被接受者认可的程度副词与名词组合主要有两种：一是大部分接受者的认知经验中存在组合名词所包含的形状特征，二是该组合经常出现在接受者的视野，激发其探索意愿，使其百科知识体系被改变。换言之，隶属于修辞幻象3的所有程度副词与名词组合均能通过这一层次，隶属于修辞幻象1的所有组合均不能通过这一层次，而隶属于修辞幻象2的部分组合会通过这一层次。

（三）审美语境下的接受活动

前文说道，接受者具备足够的探究意愿，就会从意义语境进入理据语境，但是即使他完成了这两个层次语境的接受活动，也不代表他就能够理解组合存在的意义和必要，并能够运用它们。只有接受者激活了情景和社会文化因素，才能将组合纳入自己的语言体系中，并在日常交流中运用它。

生活在21世纪的当代人是个性鲜明的一代，他们喜欢在生活中彰显个性，这种生活态度和不断发展的社会使得他们具备了创新的动机和条件，程度副词与名词组合就是他们创新的结果。在中华人民共和国成立之前，就出现了这种组合，但其真正流行还是在改革开放之后，当时的社会环境开放、包容，人们追求个性和自我，这表明社会文化因素是该组合产生的重要条件。接受者想要表达自己个性化的认知成果，就会突破公共认知的约束，激发社会文化因素，从而更加容易接受和认可程度副词与名词这种变异的语言形式。

进入审美语境后，接受者就会从审美的角度对组合的意义、价值和必要性进行探究。作为修辞现象，程度副词与名词组合中的修辞信息也是十分丰富的。何谓修辞信息，实际上就是语义和审美信息的综合，接受者在意义和理据语境层次中基本已经完成语义信息的理解和探究，因此，接受者主要是通过增值接受审美信息，来理解使用组合的必要性和意义。

不同接受者有着不同的审美标准，接受者通常会根据自己对相关情景因素的感受来探究组合的表达作用。所以不论接受者给出怎样的结论，比如刻画生动、描写细腻，情节紧凑，还是内敛含蓄的表达风格，或是活泼、诙谐、幽默的语言等，都是其以往审美体验的反映，面对同样的事物，接受者不同，其获得的审美体验也是不同的，他们的解读更多的是主观感受的表达，可能已经超出了表达者想要传递的情感。但在探究组合使用作用的过程中，只要接受者得出了结论，探究意图被满足，就会将其纳入自己的语言体系并在实际交流中运用它们。

在探寻组合使用价值，感受组合审美意蕴的过程中，接受者最大的收获就是认识到程度副词与名词组合具有其他常规语言表达所不具备的优势，这也促使他们在日常交际中运用这一组合。

由于这种变异的语言形式突破了常规的语言表达规律，因此，在理解其语义的时候，人们也很难作出精准的解释，其含义有一种"只可意会不可言传"的意味，这也是无可替代的表现。例如：

例（28）他这个人对妻子很绵羊。

例（28）提到"绵羊"人们就会想到温顺、乖巧这些特性，但是它还有一些其他的特性，比如安静、胆小等。人是复杂的情感生物，性格也是多变的，如果只用温顺、胆小等单个的词汇来形容人，肯定是不准确的，而用结合了多种性格特性的"绵羊"来形容就十分贴切。

组合中的名词通常具有多种性状特征，其中，某一种特性会随着文本的引导凸显出来。如果组合隶属于修辞幻象2，就可以结合具体的情景因素，凸显相应的性状特征，以达到不同的审美价值。例如：

例（29）求女主角很凶，男主角很绵羊的玄幻小说。

例（30）光阳劲丽起步没劲，尾速可以，起步特别绵羊，是怎么回事？

例（31）皮质叫"绵羊皮"，我理解是比一般的羊皮要软，嗯，果然很绵羊！

在例句（29）—（31）中，"很绵羊""特别绵羊"分别出现在评价歌手、描述人物性格、描述汽车起步状态、演唱歌曲及评价商品质地的情景中，情景的不同使得其凸显的性状也不同，分别为可爱温和的性格、胆小怯懦的性格、小而轻的力度、柔软的颤音及柔软的皮毛。

如果组合隶属于修辞幻象 3，其语义多来自理性义，表达内容就会相对单一，进而导致审美价值不高。例如：

例（32）这一离婚条款，在张春生看来，贯彻了当时在世界上比较先进的"破裂主义"离婚原则，可以说离婚很自由，"相当现代，相当人性"。

例（33）烟信这么好，光棍节还放假，相当人性啊！

例（34）手机的安全性和数据清理从来都是非常棘手的问题，但 360 手机助手的这些服务做得相当人性、可靠。

例（35）相当人性的一本书。里面把人性的阴暗面描写得太完美了。

例（36）再看我国社会现状，ZF（政府）相当人性，我国讲究中庸，以仁治国，而我国法律也在向着人性逐步迈进。

"人性"在《现代汉语词曲》（第 7 版）的解释是："人所具有的正常的感情和理性。"在上述例句中，虽然情景不同，但是"人性"的语义大致是相同的，与"对人的本性比较关注的"有着类似的修辞幻象。

综上，我们可以发现，对于程度副词与名词组合的审美语境具有以下规律，如果组合隶属于修辞幻象 2，其就具有较高的替代性和较为丰富的表达内容，如果组合隶属于修辞幻象 3，结果就相反。

接受者发挥主观能动性，结合自身的审美体验和相关因素，对组合中的审美信息和价值进行挖掘，达到理想的审美效果，这是个体对组合的二次创造，当接受者将其纳入自己的语言运用体系后，就会变成表达者，在实际交际中运用它们。

四、接受视角下"程度副词+名词"组合的最佳类型

接受者对程度副词与名词组合进行一次完整的接受活动，需要先后经历语义的理解、理据的探究和审美价值的挖掘，这三个活动和人们与世界互动的逻辑过程是一致的，即从认识到认可，再从认可到认同。

米哈伊尔·巴赫金（Mikhail Bakhtin）的外位性理论指出，理解包括两个层次，一是理解作者想要传递的情感和价值取向，二是结合自身实际，基于自身的外位性，创新性地理解作品的内涵。当接受者进入意义语境后，主要是结合文本因素对作者的情绪情感进行理解；进入理据语境后，基本已经脱离文本因素，结合百科知识等因素对组合产生的理据进行探究；最后进入审美语境，此时接受者需要保持高度的外位性，结合自身的审美经验和社会文化因素，对组合作用和使用价值进行挖掘探索。也就是说，接受者获得的审美效果是自身的认知成果。例如：

例（37）四岁姐姐训两岁弟弟"成熟一点！好好想想吧"一副大人训小孩的腔调，很童趣，也很亲情，超级萌到爆。据悉，这段视频是姐弟俩的父亲偷偷拍下，原想儿子长大时回看，却觉女儿训话有趣，放上网上，已有逾百万次点击率。

例（38）尤其是开篇水下长镜头，看得快窒息了，太紧张了，还有非洲工厂坦克漂移的那场……很燃很大片，比第一部更好看！感受到了导演的认真劲和所有的付出。

在理解了上述例句中"很童趣""很大片"的基本语义和产生理据后，接受者就会认可这种变异的语言形式，接着进入审美语境，结合自身以往的审美体验和社会文化因素，对其进行创新性的理解，从而达到期望的审美效果。

在接受者还无法完全理解组合的语义、产生理据及其审美价值的时候，表达者和接受者是相互隔离开的，想要走进表达者的内心世界，并发现自我，提升自我，就需要进行修辞交流。尊重理性义的权威，但又不完全受限于理性义，在理解作者的同时，始终保持自己的外位性，认可作者

的审美，并结合自身的审美标准和体验挖掘修辞价值。在理解程度副词与名词的语义和理据后，接受者积极发挥主观能动性，探寻组合的使用作用和必要性，由此便进入修辞交流。尊重并开始突破常规审美和认知，便开启了自由审美之路。

不论程度副词与名词组合隶属于哪种修辞幻象，接受者都可以通过意义语境，但隶属于修辞幻象 1 的组合无法通过理据语境，部分隶属于修辞幻象 2 和全部隶属于修辞幻象 3 的组合可以通过审美语境，但从审美效果上来看，前者要强于后者。

对于程度副词与名词组合，其中的名词直接影响接受者的认知能力和审美效果。

接受者想要完全理解组合的语义，付出认知努力是必要的。理解组合语义之后，接受者还要具备足够探究理据的意愿并认可探究的结果，这样才能通过审美语境；此时，如果接受者可以获得特定的审美效果，那么其探究意愿得到满足，就会认可这种组合形式，并将其纳入自己的语言运用体系。隶属于修辞幻象 1 的组合无法通过理据语境，因此，不论接受者付出多少认知努力，都无法获得理想的审美效果；由于隶属于修辞幻象 3 的所有组合都可以通过审美语境，因而接受者只要稍稍努力，便可获得一定的审美效果，但是相较于部分隶属于修辞幻象 2 的组合来说，接受者获得的审美效果要弱很多，当然，后者需要付出较多的认知努力。

接受者可以从上文的论述中获得一些关于认知努力和审美效果的启发：如果想在表达个性化认知成果的同时，尽可能获得接受者的理解和认可，就需要平衡认知努力和审美效果之间的关系，让接受者可以通过一定的认知努力理解其语义和理据，同时其探究审美价值的意愿又能得到不同程度的满足。根据这一标准，最符合条件的就是隶属于修辞幻象 2 的组合。

第五节 社会话语视角下的"程度副词+名词"组合

学者对话语的认知，主要有两种观点。一些学者主要从社会环境中语言的使用情况出发，进行研究，如在某历史环境和社会环境下，大家通过语言来互动、联系的现象，即话语；一些研究者主要着眼于篇章中语句的组织，进行剖析，如话语语言学是专门探讨分析连续性话语结构和相关规律的科学。笔者更认同前一个话语的含义，同时由于修辞活动与人们之间的交流、互动息息相关，本节以话语在人们之间关系中的影响为主，因而也用社会话语来指代它。

一、社会话语研究的重要性

根据基本语法规则来看，大部分程度副词都无法修饰名词。但是"程度副词+名词"的广泛应用，让一些学者再次将目光锁定在了固有语法理论上。不正确的语法，即不合规、缺乏规范性的语言现象，在分析语言时，既要观察合规的语法现象，还应了解那些表面上好像不规范的语法现象，如"程度副词+名词"。

在探讨程度副词+名词这一搭配时，不能只从语言自身开始进行剖析，原因是：语言并不是与外部世界无关联的系统。人们之间交流、联系使用语言，运用语言维护社会秩序，与他人保持一定的联系。"程度副词+名词"这一搭配形式的形成，既与语言系统、民众认知规律有关，还涉及社会相关因素。

从社会的角度出发，探讨"程度副词+名词"，实际上是分析话语中应用这一搭配的情况，原因是社会中的一系列变化会通过话语呈现出来，所以通过话语来研究这一组合，是探讨该组合演变的社会动因的重要方式之一。

二、"程度副词+名词"组合的社会话语分布

某语言现象是否规范，既要分析该现象的理据性，还需观察了解在其应用过程中的可行性与适用性。但是，一个语言现象经常出现，并不能说明人们对其的认可度高，还需了解其在各种话语应用层面的具体情况。若某语言现象比较规范，那么其会广泛分布在话语活动中；如果一种语言现象不规范，那么语用域会制约该语言现象的分布。

一个语言现象若频繁出现在通过规范的口语与书面语来对话、互动的环境中，那么其就是规范的。若一个语言现象只存在非正式的场合中，如网络中，那么其就不是规范的，还需深入分析。"程度副词+名词"这一搭配形式也是这样的。

在"程度副词+名词"这一搭配形式中，修辞幻象 3 的出现率要比修辞幻象 2 高出许多。通过规范情况看，较之其他修辞幻象，更规范的是修辞幻象 3，规范度相对比较低的是修辞幻象 2，因为在语料中修辞幻象 1 不存在，所以规范程度最低的就是修辞幻象 1。

三、"程度副词+名词"组合的社会话语功能

社会通过交流、对话进行显现，其形成的方式主要是在符号的加持下，民众心理趋于一致，其指的不是许多个体盲目无序的集合。

符号意指实在。物经由指，才能展现物质的实质，换言之，即揭示了其基本属性，但是符号也有其独特属性，和其显示的事物相同，属于特定的实在物，该事物是通过思维进行抽象化的物质，所以符号的充实性比较明显。该特性和符号要意表达的实在物同时存在，并且因为其具有这样的特性，所以使其意指的实在物被掩盖了。由此可见，符号（指）应进行空洞化处理。处理的方式是，对符号（指）的存在进行遮掩、扬弃，通过指非指这样的转化，抑或挖掘出"指"蕴藏的"非指"属性，此时就可以全方位体现意指功能，充实性也逐步向指谓的行为靠拢。但指谓不能另外借助指谓进行指谓，如有人说"什么是什么"，其中，"是"（"指"）到底

指什么？是阐释"是"的含义，还是指其他的东西，这很容易滑向指谓不已的泥潭。所以，指（符号）仅能够快速展现，但是该指谓的行为正好反映出指（符号）存在的根本特性，体现其的充实性。这样，充实性又折返至空洞化之后的符号（指），所以符号充实性达成的基础是"非指"，与其自性扬弃息息相关。

肯尼斯·伯克（Kenneth Burke）指出，在应用符号之后人们可以实现共同目标；所以被视作符号的修辞幻象，有助于让多数人达成共识、形成统一。

修辞幻象，如同把某群体接引至某象征性现实的特定戏剧。其展现了个体认知方式，修辞幻象在话语活动中，凭借其独特的一面变成大家思考的焦点，一些人可能会把自己积累的经验和修辞幻象关联起来。当两者的关联比较紧密、顺利时，大家就会接受该修辞幻象；当社会特定范围内的个体都接受该修辞幻象的时候，这一范围群体才会形成正式的社会群体。人们之间的交流与互动也许是暂时性的，他们以前可能没有见过面，互不认识，然而在接受、了解修辞幻象的过程中，大家有了一定的默契，便可形成相应联系。

从"程度副词+名词"这一搭配来看，说话人改变了名词的词义，形成了特定的修辞幻象，提出了对词语描述事物的看法与观点；此外，这些词义发生变化的词语可以吸引接受者的目光，接受者随之会说明、剖析以上词语，不再局限于词典作出的解释，由此可以提升人们的审美能力与理解能力。

在修辞幻象的作用下，说话人有了表述权，接受者拥有了解释权，这样建立了独特的对话群体，在该群体中，大家有了沟通、联系的自由。例如：

例（1）麦莉·塞勒斯连演了四部《汉娜·蒙塔纳》，在四部剧里面她的形象也一直不停地在变。小姑娘长大以后，渐渐地变得会打扮，会经历一段很公主的时候，这个时候也是她最漂亮最可爱的时候。

例（2）我承认我就是个吃货，千里迢迢从上海来到吴江"和园"，就为了他家的美食。和园很田园，鸡鸭鹅都是自己养的。你看看它们的待遇，平日里就是这么自由，阳光下随意奔跑，小草小花就是它的佳肴。

在交流正式出现前，个体均是隐藏的接受者与说话人，在上述两个句子描述的场合中，在形容女主人的打扮变化过程、描述和园的景色时，实际的说话人就是能够将这些内容叙述出来的人。说话人在展现公共认知时，还会将自身的理解与理念呈现出来。对一部分名词词义进行颠覆，由此展开"非常田园""十分公主"的描述与形容，就成为一种可行的方式。在个体认知、公共认知彼此影响、相互作用的基础上，形成的"非常田园""十分公主"就是属于修辞幻象，这一概念的形成充分反映了说话人自身的表达权。同时，当他人接受了"非常田园"和"十分公主"这样的话语，其就正式成了实际接受者。一些接受者对此持不满、否定的态度，他们可能无法理解这样的描述，还有一些接受者会围绕自身实际情况，形成增值接受，分析、观察、了解一些修辞幻象，由此得到相应的解释权。虽然人们之间存在差异，接受者与说话人的认知也不尽相同，但如果接受者认可了修辞幻象，那么其与说话人就达成了话语上的共识，最起码从"非常田园"的角度来说，就构建了独特的话语交流群体，那些对这样的描述持否定态度的人则不在该群体内，他们属于这一群体外的人。

四、"程度副词+名词"组合的社会话语类型

在交际中可以应用"不规范"的语言现象，这体现了其具有一定的理据性。由于不规范度与理据性程度不同，因此这些缺乏规范性的语法内部可被细分成多个等级。依照这一组合的修辞幻象的具体种类，该组合产生话语的种类也存在一定差别。由于修辞幻象的类型有多个，因而话语类型也被划分成两种。

（一）个体性话语

此话语来源于修辞幻象1。从说话人的角度来看，该修辞幻象有助于自己取得表述权，然而从接受者的视角看，想要掌握产生修辞幻象1的组

合的主要语义是很难的，也无法施以增值接受。以此说话人与接受者无法达成话语上的共识。

由此可见，来自修辞幻象 1 的个体性话语只能被纳入说话人的范畴，也不能借助修辞幻象 1 形成正式的话语交际群体。

（二）群体性话语

这一话语的形成与修辞幻象 2 密切相关。从说话人的角度看，其仍旧能借助该修辞幻象得到说话权；从一些接受者的视角来看，因为其生活经验和说话人相差无几，且自己有较强的创新积极性，因此其能够对该修辞幻象进行增值接受，得到解释权，由此和说话人形成话语共识。原因是只有一部分人能充分认同修辞幻象 2。

邵敬敏等人通过分析得出，在应用"程度副词+名词"这一搭配方式时，主要会出现这些情况：大致有这些群体会频繁应用该组合：一是青年作家，尤其是创作流行文学作品的作家。二是青年学生，就是高等院校的学生。三是热衷于网络的人，尤其是网络写手。年轻，求新求变、追求时尚，文化素养高是这些群体的相同点。

根据上述内容可知，此类应用者运用了该组合生成的群体性话语。借助这些群体性话语，构建彼此认证的标志，由于外行人不明白这一组合语义，因而具有排外的作用。例如：

例（3）这波动作是不是很麦迪？

例（4）塔图姆节奏很麦迪呀。

例（5）投篮很麦迪的样子。

麦迪在以上三个句子中都出现，其是 NBA 的球员，经常看球的人都知道，也就是说对 NBA 有一定了解的人，能够领会这些句子的意思，能明白"很麦迪"的语义。不爱看球赛的人根本不知道作者想要表达什么意思。通过"很麦迪"这样的现象可知，了解该词语义的人就是一个特定的交际群体。

其实在程度上此类交际群体的大小存在一定差异，这与对"程度副词

+名词"的了解情况具有紧密关系。例如：

例（6）新交规，真的很乌龟！

例（7）碰到很乌龟的人你们会怎么打？

例（8）流星雨里面一个很乌龟的人，猜猜看。

对于乌龟，想必大家都不陌生，许多人都了解它的特点与习性，一些人还能说出它代表的文化含义。所以，人们对"很乌龟"的了解程度要高于"很麦迪"，但能够充分领会这三个句子意思的人也不多。因此，由此建立的交际群体要大于"很麦迪"的交际群体，但是其通用性也不高。

在以上话语中，说话人获得了说话权，一些接受者也拥有了解释权。当特定的话语群体建立后，该群体中的成员就能畅通无阻地对话、沟通了。

（三）普遍性话语

修辞幻象3是此类话语的主要来源。依照前面章节的内容可知，这一修辞幻象差不多得到了每一位接受者的认同。从说话人的角度看，应用这一修辞幻象，代表着其认知充分让步于公共认知，因此与修辞幻象1、修辞幻象2相比，其表述权的取得相对不太全面。原因是差不多每一位接受者都认同修辞幻象3，因此通常情况下普遍性话语属于日常话语的构成之一。例如：

例（9）极其智慧的智能系统。

例（10）"拖"着不做是一种极其智慧的工作方式。

例（11）讲课风格造就了高满意率的课堂，以"极其实用、极其幽默、极其智慧"的授课风格深受学生喜爱。

例（12）狼圈是一种极其智慧的科学的社会组织，看完之后你有什么感受呢？

例（13）陈文令认为人生不必太多抱怨，极其简单、极其智慧的快乐生活就是他所坚持的朴素美学。

由于抽象名词和形容词相差无几，因此许多人分不清聪明和智慧。例

（9）和例（10）中的"智慧"可以理解为非常聪明，但如果把第例（11）、例（12）和例（13）中的"智慧"也理解为非常聪明，就太牵强了，若视作极其有智慧，又太烦琐，理解成"充满智慧"好像程度弱了一些，当出现"很智慧""不太智慧"时，又很难进行转换。

所以，在交际活动中，普遍性话语显得更加友好、有亲和力，可以在社会中通用，属于日常话语的范畴。

根据前文内容可知，个体认知、公共认知这两者具有对立统一性，换言之，即绝对理想的话语类型是不存在的。这是以上话语类型在交际活动中存在的主要原因。

五、对"程度副词+名词"组合的规范建议

在这一组合的规范上，于根元等人认为，组合的类型不一样，要具体问题具体分析，在规范性问题上，不能以偏概全。但应怎样处理才能防止出现一刀切现象呢？当前学界还未给出明确意见。

黎洪等人指出，语言规范有不可变规范、可变规范这两类。其认为语码组合规范、语码选择规范，都属于可变规范，不可变规范主要包括语言本体规范、语言地位规范、语用原则规范。大多数情况下，语言本体规范、语言地位规范是语言规划要探讨的，然而话语活动关乎社会的发展与运行。

话语活动存在于社会中，此类活动顺利推进的前提和基础是社会有序、稳步运行。所以通过制度这一层面看，在此组合上，大家要制定一个明确、有效且统一的标准。

人类有自己的语言，人们通过语言进行交流、联系，同时人还是使用修辞的动物，因此，个体和集体组织存在的主要体现模式，就是话语活动。不论是修辞的基本原则被视作意图和实现原则，还是大家认为语用原则其实就是目的与效应的原则，都意味着话语活动要创造让民众达到自身目的、满足自身需求的机会。

根据以上内容，对规范进行划分，其主要包括这些层面：第一，从语

言设计上，制定有效、清晰的标准；第二，围绕语用原则，依据"程度副词+名词"的各种类别，来区别对待。

（一）不可变规范

对于比较标准的语法教材，学界指出，程度副词常用于描述形容词，偶尔一些程度副词也用于描述、强化动词；但程度副词对动词进行描述、表达是否合规，还没有明确的意见。所以，围绕央视与《人民日报》等的调研结果，发现"程度副词+名词"的比例非常小。但是，全部基于标准的语言模式展开话语活动，无法满足民众的实际要求。由此可见，大家还应基于语用原则，对这一组合展开可变规范。

（二）可变规范

为了满足民众在各个群体中的话语需求，人们立足于语用原则，设置了可变规范。其实，可变规范属于动态的特定规制模式，其组成方式包括：转化和观察、限制，这些方式分别与各种话语类型相对应，从而对话语类型进行有效规范。

1. 观察

基于"程度副词+名词"这一搭配的三种话语类型，就是观察方式的主要应用对象。在个性话语中，因为其中的"程度副词+名词"没有较高的接受度，所以无法得到大部分人的认同，流行性很低，因此其的存在与消失都是自然发生的，不会影响到"系统"话语的顺利运行，不需要给予过多关注。

在普遍性话语、群体性话语中，因为这两者可以俘获一些接受者，会影响到常规的话语方式，因此需制定有效、可行的策略。

2. 限制

策略即同意民众在某一层面与范围内应用自己的话语。该策略是基于群体性话语而言的，大家把此类组合局限于日常交流与网络环境中。

例如，"十分娘""很男人"等口头禅。针对这种口头禅，不能盲目揣测、不分青红皂白就粗暴地制止，应当让他们了解应用语言和语境具有紧密的关系。如果他们是在与同学的交流中运用以上词语的，那么家长、学校不用严格限制；如果是在写作文、正式场合中应用，那么家长和教师需引导孩子根据相关要求，正确应用话语。这样不仅可以让青少年养成良好的群体习惯，对其言行进行规范，还可以有效培养其适应陌生环境的能力，对其言语能力进行优化，防止其在交际活动中不规范运用话语。

此外，某些领域的媒体和群体可以应用此类组合，帮助其获得更多观众。媒体在谈论与生活有关的内容时，如休闲和娱乐等内容，可以灵活应用"程度副词+名词"这一搭配方式。例如：

例（14）绿城赛程解析：四月最魔鬼五月和七月恶战连连。

例（15）为打好杭州运河旅游牌，从9月25日至10月22日，杭州隆重推出主题为"邂逅大运河，风情最杭州"京杭大运河杭州段旅游活动月。

例（14）与体育有关，例（15）与人们的日常生活有关。

此外，正规的报刊在应用这一搭配形式的时候，能够充分展现互文性，意味着自己对这类用法持观望、犹豫的态度，没有完全认同它。例如：

例（16）与该片出现了诸多"很成人""很暴力"的情节和场景。

例（17）与网友评价廖新波在网上的态度很平民、很"网友"。

在例（16）中，"很暴力""很成人"都使用了引号，代表了作者将其作为形容词，是临时做的决定，并未把它当作规范的用语。在例（17）中，尽管前面的"平民"未使用引号，但这是转述他人的话，以防止自己应用该模式。

3. 转化

将不合规的话语模式置于规范的话语中，即转化。但是这仅适用于普遍性话语。就算一些话语非常流行，如"很男人"，由于其是群体性话语，因此也不可将其置于规范的话语中。与其他名词内的边缘词语比较来看，被归入修辞幻象3的名词极易转换成形容词，这是"理性原则"对转换的影响与约束。

　　我们认同普遍性话语形式均是规范、有效的，只是将经常应用的组合置于规范的话语之列。张伟经过分析发现，大家在认同抽象名词产生的程度副词+名词时，具有不同的观点，甚至存在显著的差别，与具体名词相比，一些抽象名词的认同度更低一些。就像前面一些章节描述的那样，名词仅具备纳入特定修辞幻象的可能，该可能性是高还是低，还要看交际的具体要求。例如：

　　例（18）与我们对文学作品揭示的人类精神生活，以及文学作品包含的思想和文化价值依然理解得很机械、很功利。

　　例（19）与这是肚，里面是一只鸡，这个猪肚和鸡平时就是两种很美味的东西，两种烹饪在一起，不是单一食品能做出的味道。

　　例（20）与20世纪初，一战之后，华洋杂处，中国人在心理和行动上发生巨大的变化，与世界的联系显得荒谬、真实、有趣，也很本质，影响了每个人的生活、爱情，尤其是身份认同。

　　例（21）与粉绿色针织开衫搭配白色打底衫，个性印花短裙，是不是很有魅力呢？简单单品的组合一样可以穿出不同的视觉感受来。

　　在当前的时代背景下，物质文明蓬勃发展，对比来看精神文明发展滞后，对功名利禄的描写与评估比较常见，所以大家经常看到"很功利"这样的字眼。民众在品尝美食时，会与他人探讨食物的香味，因此出现频次较高的还有"很美味"。当大家在分析、议论某事物的特征时，就会出现"很本质"等词语。所以提及的这些词语都属于正规话语，这是一些大网站如人民网等应用此类词语的主要原因。

　　前文列举的例句属于特定的默认转化。此外，一些修辞幻象3的经常出现，应用频次太高，其中的抽象名词就被纳入形容词的范畴，即所谓的正式转化。邵敬敏等人认为，一部分名形兼类词，起初为名词，因为频繁与程度副词搭配组合，应用次数比名词的常规应用还多，才逐步成为兼类词，比如牛、铁、毒，还有理想、内行、困难、科学等。

　　然而，根据前面一些章节的分析可知，可能在具体的话语活动中，修辞幻象2及修辞幻象3中的名词没有充分展现。临时性无法频繁呈现的这些修辞幻象，还没有被正式纳入普遍性话语中，也没有变成群体性话语。所以，要对其进行特别处置。例如：

例（22）各地高考作文题面世于丹：题目很社会、很当下、很思维。

在该例句中，思维属于抽象名词，还包含一些描述性语义，即思路明确，但很少见到"很思维"这样的用法，网络中这样的短语也比较少见，因此就不需要转化它了。

六、对修辞最高原则的进一步思考

从社会话语这一方面，分析"程度副词+名词"的搭配，让我们深刻了解了修辞最高原则。

在修辞最高原则上，王希杰比较认同"得体原则"。然而该观点也存在一些争议，民众表示想要合理研判标准，是很困难的，因此一些研究者认为，意图与实现原则，就是修辞的最高原则。

言语行为是修辞的探讨内容，但这一行为与交际目的具有十分紧密的关联，交际目标才是该行为的最后归宿。该观点是通过修辞学这些年的语用学转向获得的。一些学者表示，语用学是学界努力探讨的修辞学，两者是相等的，没有显著差别。

对于修辞学的语用学转向，我们不否认，借鉴吸取语用学相关理论，有助于扩展修辞学的范畴。

虽然有学者热衷于研究修辞的最高原则，一些学者也发表了一些独到的见解，但是一直到今天，该问题依旧没有定论，仍需学者深入探讨。主要原因是人们要明白修辞最高原则到底是什么，这样才能让修辞活动绽放光芒，让大家都看到它的活力与潜能。

社会中的人，是综合体，具有多种身份。所在的具体环境不一样，其社会身份也存在显著差别。比如，在家庭中，某人是母亲；在菜市场中，其可能是顾客；在学校中，其也许是教授某学科的教师；等等，为了生存下去，人的身份要满足社会的要求，和附近的人相匹配。

同时，人们之间有矛盾，也有合作。然而，矛盾和合作两者是相互影响、互相作用的。某人和其他人有矛盾，其与另外一些人也可能有合作关系。其在社会中的一个身份和他人出现矛盾，表明其和另外的人的身份有匹配的可能性。所以，合作属于程度性层面的事。一个人不仅能和社会群体达成合作关系，还可以与特定的人群进行协作；一个人的某个身份可能让其在社会中左右逢源，他（她）的其他身份可能让其处于孤立状态。

人们在社会中的协作，还涉及撒谎等行为。由于人在社会中具有多种身份，根据环境的变换，其身份发生不同变化。撒谎这种行为只是临时进行协作的方式之一。

矛盾也好，合作也罢，这都离不开语言这一媒介。就算有只干活、不说话这样的现象，也有和声音语言有一定联系的体态语。而修辞层面关注的一个重要问题，就是灵活、正确应用语言的方法是什么。

人与人要协作，需依赖修辞活动，他们在心理上要先形成某种共识。

基于心理的共识与统一性，就是修辞幻象与意向。这是说话人生成的，接受者凭借自己的认知，在心理上构建相应的结构，大家心理上有了同一性，就有了合作的基础。

修辞幻象与个体认知方式有关，为了满足沟通与交流的需求，会受制于公共认知。因此，从个体认知和公共认知这两者之间的联系来看，修辞幻象主要包括：修辞幻象1、修辞幻象2及修辞幻象3。这些修辞幻象集中展现了话语交际的范围。

在以上三种类别中，个体认知性最高的是修辞幻象1，这一修辞幻象只与说话人个体有关；然后是修辞幻象2，这一修辞幻象是某范围的话语群体；个体认知性最弱的是修辞幻象3，其是整个社会的话语群体。

可是，意象、修辞幻象3这两者有什么不同点？

人在社会中的身份比较多，是一个独特的综合体。尤尔根·哈贝马斯（Jürgen Habermas）细化了社会，认为其包含生活世界与系统，其中前者指在交际活动中，人展现自身存在感、实现自我价值的具体环境，且认同个体认知；后者是现代经济和政治这两者的关联，在社会的发展中，这两者的作用十分重要，要依赖统一高度的公共认知。朱磊等人，基于此指出，人有两种话语身份集，即呈现系统的话语身份集、呈现生活世界的话语身份集，前者也称作强势话语身份集和"强势方"，后者也称作弱势话语身份集和"弱势方"。因此，对强势方进行集中展现的就是意象，反之，则是修辞幻象 3。

通过强势方的指引，借助意象的构建进行身份间的协作；在弱势方的加持下，主要借助各种修辞幻象的构建进行身份之间的协作。而强势方的身份和弱势方的身份的关联，主要通过系统和生活世界的博弈与较量进行呈现。这是人们在交流时要变换身份、从其他角度分析问题的主要原因，变换身份之后，才有横跨生活世界和系统的机会。

简单来说，构建修辞幻象从而获得心理共识的过程，即修辞的本质。

意图和实现原则的立足点，显然是语言行为达到的成效。

系统在社会中的地位比较高，居于中心地位，个人是实施社会行为的一方，这与个体的意愿是不是符合社会活动没有显著关联。言语行为则是活动的介质，是对言语行为有助力的因素，既与言语自身有关，还与"系统"给予的权势关系紧密相连。

在一定条件下，修辞活动离不开权势关系，但要将意图和实现原则当作最高原则，会导致言语行为获得的成效被权势关系所覆盖。详细来说，将该原则当作最高标准，可能有如下劣势。

第一，通过修辞哲学的角度看，此原则反映了生活世界被系统压制的情景。尤尔根·哈贝马斯（Jürgen Habermas）确立的"生活世界殖民化"这一观点，指出在系统的干扰下，生活世界遭受一定程度的影响，社会活动趋于金钱化，人们在活动中丢掉了自己的特点与个性。修辞的目的是实现多元化，若将意图和实现原则当作最高原则，那么仅与系统的需求相符，从生活世界的角度看，这一原则不利于构建修辞幻象，使人的语言个性被严重淡化，对各话语群体的构建有负面影响。

第二，从修辞活动的视角看，这一原则没有关注到接受者理解修辞行为的情况。修辞活动除了包含描述过程，还包括接受过程。根据意图和实现原则，大家的目光投向了语言行为的效果，在无形中可能会将接受过程当作暗箱，丢掉了该活动形成的个性化感知。因此，在探讨修辞学时，会再次陷入忽视修辞接受的泥淖中。

第三，从修辞实践的角度看，这一原则不利于增强修辞主体的修辞能力。例如，当前一些职能部门在革新，对修辞能力提出了一定要求。如果根据该原则相关要求，话语形式应用行政命令的方式，其也能处理较为复杂的问题。从短期情况看，此类修辞是较为顺利的、有效的。然而，从长期看，此类修辞会导致民众产生冲突与矛盾问题，会削弱相关部门的公信力。

综上，该原则无法被视作修辞最高原则。成功的言语行为，只意味着顺应了修辞效果产生的基本要求，实际上修辞最高原则达成的前提条件，就是意图与实现原则。

因为该原则被视作修辞最高原则，有以上不足与劣势，因此大家的目光又转向了得体原则。

一些人觉得，准确研判得体原则比较难，对于甲而言，他认为得体的成效，可能会被乙否定。实际上，得体原则包含一定的异质性。其充分全面展现了意象、三种修辞之间认知的公众性与个体性的独特的联系。这样的联系，让人认为得体可以从程度上进行细化，当然也有其他不同的判断意见。因为得体性原则的特点包括综合性及相对性，还有修辞话语内部因素与接受主体层面的因素存在，面向修辞话语获得不一样的测评观点，也无可厚非，重点不是清除分歧，而是要对得体原则进行改进与拓展。

从意图—实现这一原则看，其具有同质性，因为言语行为有没有展开，属于客观现象，与人的认知没有显著关联。较之同质标准的研判，异质标准的研判更难一些。我们要充分掌控与完成异质标准有关的因素，这样才能在修辞活动中，合理研判得体的具体情况。

在掌控得体原则时，可以从以下这些层面展开。

首先，确保实现语用目标。语用反映了符号和人之间的联系，其体现了人在应用符号时，对人形成的具体影响，比如面子理论、合作原则、霍恩定理及礼貌原则等，均属于影响的范畴，展现了其中的一些规律。修辞是基于此进行的抉择，所以修辞的前提条件是语用。由此可知，修辞对"意图—实现"原则没有对抗性，主要是将此原则当作修辞原则的低层次原则。若这一低层次原则未达到，那么高层次原则的现实性也就不存在了。

为了达到语用目的，大家会关注实施言语行为时的语言环境。然而，在一系列语境因素下，接受者有错综复杂的境况，要求我们将其当作一个单独的层面进行关注。

其次，要及时关注接受者的情况。从修辞效果的层面看，接受者要逐步转向现实性。所以，是否得体，还需观察接受者的现状，并且此时不用再了解第三方的意见与测评。原因是修辞活动若形成的是意象，那么就与第三方没有任何关联；若形成的是修辞幻象，那么其个体认知性就表明了第三方不在修辞的范畴内。

何自然列举了这样的情况：在一个音乐厅里，休息的时候，一位美籍女士观察到一对夫妇在交流时用的是荷兰语，所以认为他们的英语肯定不流利，但是她此时想问这对夫妇可以休息多久，思虑再三，她决定用磕磕绊绊的英语问这对夫妇。此时这对夫妇听到了她的话，以为她也不擅长英语，于是也用简单的英语再加上一些动作进行回应。后来，无意间这对夫妇看到这位美籍女士用流利的英语与他人对话时，才发现他们都误解了对方，其实这位女士是一个美国人，大家都会说英语。

在以上案例中，磕磕绊绊的英语和流利英语之间的转换，体现了说话人依照自己了解、研判的接受者情况而选择的得体方式。若以上案例中的某接受者不擅长英语，那么较为得体的话语就是磕磕绊绊的简单英语。

最后，探索说话人的语言能力。对修辞接受者的情况进行明确了解后，需借助自己的语言能力来处理。要逐步增强自己的语言能力，才能获得更加得体的修辞成效。由此可见，民众挖掘修辞效果的一个重要助力，就是得体原则的要求。

诚然，以上维度的实践过程要求人们在持续不断的修辞活动中努力研究、探索。因为时间、篇幅有限，这里不再详细介绍。

掌控这些维度，已突破了语言学范畴。显然，修辞的特性较多，所以大家认为修辞学属于交叉学科。在以上维度的加持下，得体原则展现在我们面前，这些维度还充分反映了修辞的如下意义。

第一，修辞要实现言语行为，完成交流任务，即修辞的语用学意义。

第二，修辞的心理学意义，即修辞应重视接受者的具体状况，能够进行自由、平等沟通与对话。

第三，修辞的美学意义，即修辞还要求人们积极优化，不断改进其成效。

除了这些，修辞还有其他特性。然而，将这三个意义作为基础，展现这些意义的时候，人们会深入分析与其有关的特性。如果只遵循意图—实现原则，那么大家就会侧重于语用学意义，而将修辞限制于语言学范畴中。

从贯彻实施得体原则的角度看，人们可以吸取优选论相关理念。

在研判是不是得体的过程中，人们要分析各种因素，如情景、文化及辞篇等。不论是修辞理论探讨，还是言语活动的探索，都能体会到在某个语言环境中，人们不得不适应一些因素，在特定形势下另一些因素可以被无视。例如：

例（23）例句 首要因素 次首要因素 次要因素 其他因素……评价

A 句 顺应 顺应 顺应 顺应……佳句

B 句 顺应 顺应 违反 违反……佳句

C 句 顺应 违反 违反 违反……常规句

D 句 违反 顺应 顺应 顺应……病句

E 句 违反 违反 违反 违反……病句

以上仅是笔者的简单想象，实际情况相对更复杂一些。若我们编制了此类评估表，站在实践的角度看，大家能够充分了解常规句、佳句、病句的不同点，即 C、A、E 这些句子的差别，还可以从程度上区别各个佳句，如 A 句和 B 句，让自己在交际过程中做得更好；站在理论的角度看，我们能够了解某语境中修辞话语转换的方式，以消除之前修辞评价中个人观点不一、产生分歧的困惑，还能够梳理提炼出修辞转化的详尽的操作规则。

编制此评价表不能一气呵成，但是笔者认为依照此思路坚持不懈地探索，可以为修辞学研究提供良好助益，这是向系统化靠近的重要尝试。

第六节 从"程度副词+名词"组合看语言的规范问题

在前面的章节，笔者对"程度副词+名词"组合的规范问题有所涉及，根据不同的类别分析得出了相关的规范建议。本节笔者将在前文对"程度副词+名词"组合探讨的基础上，结合其他新兴的语言现象，着重就语言规范问题重新展开探讨。

一、语言规范与话语规范

学界一直以来都非常关注语言规范这一领域，学者探讨的一个焦点，就是语言规范的引导原则。每一位学者对语言的认知不一样，其分析的视角与主要内容也存在相应差别，一些学者研究的焦点是语言结构，还有一些学者主要从语言相关文化和社会因素出发进行分析，这样学界就有了不一样的观点：关注习性原则、聚焦理性原则。

根据这种情况，曹德和确立了具有一定关联的概念：言语的规范、语言的规范，其表示前者的主要依据是伦理及效应原则，后者的依据是语用功能、稳定性及社会性。但是，笔者仅围绕语言应用的个体这一层面，探讨言语的规范，未站在社会群体这一视角进行充分阐述。郭熙则指出，语言规范的类型主要包括语言结构的规范、语言行为的规范。大部分关注的是语言行为的规范，原因是社群规范的核心构成之一包括语言行为的规范，其中蕴含特定社会群体的价值心理及观点，体现了此社群的独特需求及生活常态。很明显，笔者认为语言行为就是语言规范的核心，还将这一行为的社会要求置于重要地位。

语言系统的基本特点是异质。弗迪南·索绪尔（Ferdinand Saussure 细分了语言系统，认为其包括言语、语言这两类，但无法细分异质成分、同质成分。其认为同质，就是集体意识，与此有关的现象就是在语言活动中各个成员一起信奉并遵循的原则，由此可见，同质的范围就是此类活动中具备相应规则的成分。但是，规则是基于语言的剖析与探讨而构建的。在分析语言前，对于集体意识和有规则的事物，大家还不明确，所以对于言语与语言，大家也分不清两者的具体范围。可见细分这两者，对于区分异质与同质没有实质性的作用。语言规范要重视异质与同质之间的联系，因此可以把它们置于特定的视界中进行分析。

综上，通过话语这一层面解析语言规范，具有深刻的意义。在一定的历史环境、社会环境中，民众借助语言来传递信息、进行沟通对话的现象，即话语。个体在与话语有关的活动中，要通过语言，与他人交流、对话，从而应对社会中的一些现象与事情，不论是异质成分，还是同质成分，都具有一定的影响。所以在探讨话语相关内容时，还应关注语言规范这一层面。

二、语言规范中的话语范畴

通过话语可以了解一些社会现象，而社会比较复杂，因此尤尔根·哈贝马斯（Jürgen Habermas）划分了社会，认为其包括生活世界、系统这两类，其中，前者是指在对话沟通中大家提升自我认同感的话语环境，后者即现代政治和经济关系，在社会的变迁与发展中，其有十分重要的影响。所以，这两者在话语上，会形成生活世界范畴、系统范畴这两大类。

语言是人们进行沟通与对话的介质，语言形式要明确、规范，这就是话语中的系统。由此，系统范畴就是同质成分的综合体。

通过对话与交际，展现自我价值，需体现自己的特点，与此有关的语言形式就是异质成分。而这一成分的综合就是生活世界范畴。

社会中渗透着生活世界和系统，这两者彼此影响、相互作用。尤尔根·哈贝马斯（Jürgen Habermas）确立了生活世界殖民化这一观点，其表示生活世界会被系统所影响，社会活动有了更多金钱与权力的色彩，在对话交流活动中大家的独特个性慢慢淡化。因此在与话语有关的活动中，为了剔除系统范畴的压制与约束，生活世界范畴会利用一系列模式展现出来，其也会被系统范畴所制约。

上述系统范畴限制和生活世界范畴凸显形成的效应，就是这两者在话语中的角逐与较量。

三、生活世界范畴的显现

这一范畴的展示主要借助各类变异话语进行呈现。人是社会的一部分，个体发展的前提与基础是其处于社会中。该范畴中的话语不论怎样改变，都要有相应的理据性。所以这些出现改变的话语，包含描述的社会约定性及表述的独特性。

根据表述的独特性和社会约定性之间的关系，变异话语可大体分为三个类型，即变异话语 1、变异话语 2 和变异话语 3。当然，三者之间的界限并不明显，而是逐步过渡的，呈现为一个连续统一的状态。变异话语的形式在符号、词语、句子构式层面都有分布，下面本节就以符号中的火星文、字母词，词语中的某些新词语、詈语、网络用语，句子构式中的糅合构式、"是时候+VP（动词短语）"句和年份倒序等为例详细分析。由"程度副词+名词"组合构成的个体性话语、群体性话语和普遍性话语，就是这三种变异话语在个别语言现象中的具体表现。

（一）变异话语 1

变异话语 1 是作为个体的人出于自身的兴趣、爱好等心理因素临时创造和使用的话语形式。表达者往往是想借此来表现自己"天马行空"式的独特思想、情绪，而并不需要他人的解读。

某些火星文就是变异话语 1 的表现形式。火星文由生僻汉字、特殊符号、字母等混杂而成。在这里，语言符号被空前地"视觉化"，表达者并不注重符号与意义之间的联系，并没有将其作为群体中人与人交流的手段，而只是作为自己宣泄情绪、自娱自乐的方式，由此创造出了一部分没有任何交际功能的语言现象。然而，除此之外，大部分火星文属于变异话语 2，下文将会对此作出说明。

对于字母词而言，若表达者用字母表示的词义不为外人所熟悉，那么其所形成的字母词就属于变异话语 1 的范围内。这种情况往往就是个体标新立异的结果。

（二）变异话语 2

"物以类聚，人以群分。"（《战国策·齐策》）因为共同关心的话题或者相同的兴趣爱好，人们会组成小规模的话语交际群体，并使用一些他们自己认可的话语形式，这便形成变异话语 2。群体的人就成为该变异话语的使用主体。

群体不一定是自觉、完整的组织，只要是对某一相关事物了解或感兴趣的人的集合体，都可以称得上群体。因此，变异话语 2 的使用范围有大有小，也有层次之别。不同的话语群体有不同的变异话语 2，大群体中包含小群体。

大部分火星文就属于变异话语 2。有人认为，火星文"是以制造交际障碍，标榜言语社团的小团体性的网络语言的'次方言'"①，其实指的就是变异话语 2 的这一部分。

网络中大部分使用汉语拼音构成的字母词也是变异话语 2 的标志。金忍冬认为，字母词语的使用会造成交际障碍并误导读者，加之网络语言中的字母词语具有高度灵活性，在不同语境下可能会产生不同的词语，会加剧理解的困难。这其实就是通过字母词作"屏障"，形成一个小团体。以"火影忍者贴吧"为例，这个"贴吧"是一个讨论日本漫画《火影忍者》的网上论坛，该贴吧中出现了大量漫画中人物和事物的拼音缩写，如 MR（鸣人）、ZZ（佐助）、DSW（大蛇丸）、XLY（写轮眼）等，对于不熟悉漫画的人来说，要理解这些词语的含义恐怕是相当困难的。

还有一些使用汉语拼音构成的字母词被称为饭圈流行语，如"xswl"

---

① 陈佳璇：《"火星文"：网络语言的新发展》，《修辞学习》2008 年第 4 期。

表示"笑死我了"，用"dbq"表示"对不起"，用"blx"表示"玻璃心"。

有的字母词如 GG（哥哥）、MM（妹妹）等的流通范围相对较大，甚至成为网络语言的标志。不过，网络语言属于"秘密语"，因为网络语言是网民创造、在网民内部使用、外人难以知晓的，所以它们也在变异话语2 的范围内。这也证明了使用变异话语2的群体有大有小。

对于某些糅合构式而言，如"以迅雷不及掩耳盗铃之势""司马缸砸光"等，并没有实际意义，但是它们有新颖、幽默的表达效果，在年轻人中间得到了认同和传播，因此，它们也属于变异话语2。

（三）变异话语3

对于某些新兴语言形式、用法而言，由于它们具备了语言规则中的某些深层理据，符合了人们的认知共性，因此，它往往能够借助人们自身的认知经验而被接受，并得以在全社会广泛使用。这种话语形式即属于变异话语3，使用主体就是全体的人。

许多流行的词语、流行的构式，它们表面上看有违某些规则，但是也是有深层理据的。

1. "山寨"

"山寨"的流行就是一个例子，在很多场合下，它已经不是单纯指称客观事物了。例如：

例（1）曾几何时，中国制造一度被贴上"山寨""劣质"的标签，"器不如人"的历史深深刺痛了国人的心。

例（2）美国过去总指责中国"山寨"。但投资者可能觉得气人的是，说到模仿（美中企业）如今刚好倒过来了。

随着语义的演变，"山寨"还进一步成为一个语素组。例如：

例（3）警方发现，在"AKOEX"平台上买卖名为"PCE"的数字货币，只是虚构的"山寨币"，并未在公有区块链上发行。

例（4）购买金银花时一定到正规药店，切勿买到"山寨版"的山银花，以免因一字之差，降火变上火。

上述两例中的"山寨币"和"山寨版"是词，"山寨"自然应该视为语素组。就"山寨"的演变，梁吉平、陈丽作了详细的论证。

"山寨"首先因聚居地偏僻难管的特点与地下工厂发生相似联系，所以"山寨工厂"即指代那些偏僻隐蔽难以被政府部门查封的工厂；其次，"山寨手机"最初只是地下"山寨工厂"出产的产品，这种产品除了本身的价值或使用价值，更多地与三无产品的"仿伪"特性发生相似联系，这时在高频使用的催化下，"山寨"的词义发生了二次隐喻，产生"仿冒、伪造"的新义项。在两次隐喻投射中，"山寨"经过无数反复地使用和联想，其"仿冒、伪造"意义逐渐巩固并约定俗成，并为人们所接受。

2. "给力"

"给力"也是一个网络流行词语，并且慢慢地渗透到正式语体之中，它也是通过隐喻形成的。根据认知语言学观点，"状态是位置"，"变化是运动"和"原因是力"是三个基本的隐喻，它们可以构成一个复杂隐喻，就是"外因导致的变化是受外力推动的运动"。因为人们当感受了外界事物而产生了某种精神状态，又暂时不能用语言清晰表达时，就会通过这种复杂的隐喻，表明"先前精神状态所处的位置受到外力推动而发生转移"，即用"给力"来表示精神状态的改变。

3. "奇葩"和"吃货"

"吃货"与"奇葩"在当今语言生活中，其情感义已经发生了变化，学界有很多人对这两个词的词义演变作了描述和分析。然而，人们并没有对这两个词语进行对比研究。之所以要对比，是因为首先两个词语的语义变化是相向而行的，"吃货"由贬义向褒义过渡，"奇葩"由褒义向贬义过渡。其次，二者的演变并不是同步的，"吃货"的语法性质没有发生改变，而"奇葩"的语法性质则发生了变化。

对于"吃货"来说，演化前后其语用环境发生了变化。在演化前，其主要语用环境是说话人对对方的评价。例如：

例（5）大刘骂：咳，刑警队全是一帮吃货。我跟他们吵了好几回了。

该抓的一个没抓到呢。

例（6）你可别瞧不起妇女啊！一会儿比比看，看谁是吃货。

例（7）"瞧！"他喊道，"他们在天花板上留下了个该死的洞。现在的工人都是吃货。"

例（8）养你这样的吃货干什么？赶明儿就回你大姑家去吧。上官家不能因为你绝了后！

通过观察上述例子中的语句，我们可以看出，"吃货"是在宾语位置出现的。因为语义演化具有渐变性，"吃货"语义演变首先也发生在宾语位置。

语义演化后在宾语位置上出现的"吃货"，其语用环境则是对自己的评价。例如：

例（9）在看电视里做午饭，我就坐等吃，我承认我就是个吃货。

例（9）中的"吃货"是对自己的评价，结合文中相关语境，"吃货"已经逐渐失去贬义色彩，带有自嘲、戏谑的意味。

人们会用这种戏谑意味的"吃货"来扩大评价对象，这时候说话人对对方进行评价，"吃货"的语用功能已经与演变前的有较大不同了。例如：

例（10）原来是个肉食吃货！给小块肉不理睬，换大块肉就张嘴接了！又随你爸！

例（10）中是说话人对相关人的戏谑性评价，在语境的作用下，贬义色彩消退，展示了说话人和对方的亲密关系。

当然，我们尚且可以把在这种情况下运用的"吃货"视为"反语"。而等到这种语义发生改变的"吃货"开始在其他句法位置出现时，其评价作用消退，就变成一个非贬义的指称用法。例如：

例（11）在不少"吃货"的心目中，金黄热烈的栗子代表了秋季的味道，浓郁、热烈、回味。

例（12）你有"吃货"朋友吗？请一定珍惜他吧！

通过上述语句可以看出，"吃货"从演变前主要作宾语，表示贬义评价的名词，发展为可以作主语、定语的非贬义指称性名词。而且，表达者在语句中给"吃货"加上了引号，也是提示人们"吃货"的语义发生了改变。

对于"奇葩"来说，根据相关研究，在共时状态下"奇葩"有 4 个义项，分别是①奇异的花；②比喻优秀杰出的人和事物；③少见稀奇的事物、人及其行为；④常人难以理解的事、人及其行为。在演变前，最常用的义项是②，在演变后，最常用的义项是④。

通过观察，可以发现两个最典型的义项②和④的词性有所不同。

演变之前"奇葩"自然是一个名词，例如：

例（13）云南各民族共同创造的民族文化艺术，像一朵奇葩盛开在我国民族文化的百花园中。

例（14）在刚正勇为、富有经商传统、勤于创业的 63 万义乌人民的努力下，培育出名扬四海的一朵奇葩——义乌小商品市场。

例（15）在海南这片热土地上，国科园实验学校这所由国有大型企业兴办的学校在力图与迅速发展的经济形势并肩齐驱的基础教育事业的花园里，以他独特风姿又添奇葩。

例（16）城信社如不适时改革就无法与之抗衡，几年来精心培育的"金融奇葩"就有夭折的危险。

在演变之后，有的"奇葩"依然带有明显的比喻色彩。

更多的时候，演变后的"奇葩"则消失了这种需要语句建构的比喻用法，例如：

例（17）办公室里面还有蹦床，工作累了可以来放松一下，绝对是室内创意设计中的奇葩！

这样它的句法位置也就更加自由，句法手段也更为灵活。首先，我们发现它可以被程度副词修饰。

其次演变后的"奇葩"还可以作定语、状语。例如：

例（18）本来说昨晚十二点踩点祝你生日快乐的，不承想只剩三四分钟了我竟奇葩地睡着了，醒来时已经凌晨一点四十多，所以就算了，没去打扰你。

就"吃货"和"奇葩"的总体发展来说,"吃货"本来有贬义,用于自身则可以起到反语的效果,而且出现了一些"X货"的仿拟。

"奇葩"本来是褒义,也只能描述对方。说话人不可能将褒义的词语易色之后,用于自身进行自贬。

4. 新兴"X癌"

新词语不一定是单个产生的,有时也会按照一定的形式大量类推出现,新兴的"X癌"就是其中的代表。

"癌"本来是一种疾病的名称,《现代汉语词典》(第7版)对它的解释是:"上皮组织生长出来的恶性肿瘤,常见的有胃癌、肺癌、肝癌、食管癌、肠癌、乳腺癌等。"

词典只是展示了"癌"的理性义,还不能完全反映人们对于"癌"的一般印象。常言道"谈癌色变",癌之所以让人们"色变",就在于癌症难以治愈的特点,难以治愈乃至威胁患者的生命,自然导致人们的恐惧。

因此,一般意义上的"癌"至少有三个语义特征:[+疾病][+难愈][+令人恐惧]。

然而,在网络语言中,涌现了众多"X癌"的新词语,在这些新词语中,"癌"的语义特征发生了一些明显的变化。我们试举几例,词语的释义在网络释义(百度百科、百度知道)的基础上进行了调整。

第一,直男癌:对略带大男子主义的人的一种调侃,这种人活在自己的世界观、价值观、审美观里,时时向别人流露出对对方的不顺眼及不满。例如:

例(19)中国"直男癌"近四成不解少女心思。

第二,妈癌:形容一个人对别人特好、特别关怀,替人操心,替人着想,让人有"皇帝不急太监急"的感觉。例如:

例(20)关心到"友尽"?患了"妈癌",得治!

第三,懒癌:形容一个人懒到了极致。例如:

例(21)从现在开始,摆脱你的大肚腩,杜绝做懒癌患者,你也可以变得性感和可爱。

我们可以看出，在"X癌"中，不管X是名词性语素还是形容词性语素，它都表示一种状态。与一般意义的"癌"相比，这里存在一种转喻，即从人的生理问题转向了心理问题，生理上的疾病可以转喻为心理上的弊端，相应地，网络词语"X癌"中"癌"的语义特征表现为：［+弊端］［+严重］。

这里值得注意的是，原先"癌"所拥有的［+令人恐惧］的语义特征在网络词语中脱落了，甚至有了调侃的味道。

我们还可以通过以下两组的对比来进一步揭示该语义特征的脱落：

A组：胃癌　肺癌　肝癌　肠癌　食管癌　乳腺癌

B组：学癌　穷癌　手癌　爸癌　文艺癌　小清新癌

A组的"癌"是我们一般意义上所说的癌，B组是网络词语中的。它们有两方面的差别：

第一，在词法方面，A组为偏正结构的复合词；B组则为派生词，其中"癌"可以视为类词缀，相对于A组有更高的能产性。

第二，从语义上来说，A组词完全是对客观事物的反映；B组词虽然也反映人们存在的一些精神状态，但是创造这些词语更多地体现了表达者的能动性。

从这两个区别可以看出，网民使用"癌"作为构词成分，大量创造新词，甚至进行调侃，一改人们的常规认识，呈现出了"谈癌色不变"的景象。

那么网络词语中"癌"的［+令人恐惧］的语义特征为何会脱落呢？笔者认为有两方面的动因：其一，汉语的词义识解中普遍存在乐观主义倾向（袁毓林，2014年），所以人们有尽力淡化"癌"负面心理效应的努力；其二，网络世界是相对独立于现实世界的一种空间，人们的心理在此释放，很多社会约定的认识会被网络语言进行解构。

在这两方面动因的驱使下，"癌"极有可能走上虚化历程。

"癌"这个词出现时间并不长，《康熙字典》中尚不见其踪迹，规定它发音为"ɑi"更是1949年以后的事情。可在当今社会，它的语义发生了令人不能忽视的变化，并朝类词缀方向发展，这从一个侧面表明互联网是语言演变的一个"加速器"，很值得大家关注。

5. "的说"

语言生活中出现的新词语不仅可以单独运用，也有以黏着形式出现的，如"的说"。这个词在网络语言中出现得越来越多，调查的语料都来自朱磊所著的《"程度副词+名词"组合研究》一书，所以本小节的例句都不再标明出处。

"的说"不可能独立成句，从句法位置上看，"的说"位于一个句子的句末。例如：

例（22）亲，你好幸运的说。

例（23）不好的话贝贝就继续略，不怕没人帮忙的说。

例（24）今年没红包的说。

语气词也位于小句的句末，"的说"通常情况下位于语气词之前。例如：

例（25）不觉得和我们解放时期领导的大衣很像的说吗？

例（26）大家不会是想把大奖还给小编的说吧。

"的说"还有一定的实义因素，其虚化尚不彻底。

对于"的说"所搭配的小句，从语义上看有以下三种。

第一，小句体现表达者自身的客观情况。例如：

例（27）老婆求收图，我等级不够的说。

例（28）以前手脚都冰冷的说。

第二，小句体现表达者自身的主观感受。例如：

例（29）一年我都是这样状态的说。

例（30）你俩送我的围裙真心裸着穿好舒爽的说。

第三，小句体现表达者对他者的评判。例如：

例（31）德兴的油炸很好吃的说。

例（32）今天好冷的说。

从这些例句中可以看出，很多例子中小句前后并无"说"的相关内容,而且"的说"去掉之后不影响小句的基本语义。

"的说"是类似于"的话"的跨层非短语结构,成为一种主观性的标记词,表示言者的弱判断力。原因是,第一,与"的说"共现的小句都是一种判断或断言;第二,"的说"的出现促成了小句由知域向言域的转变,表达效果类似"据说+小句"形式,降低了原小句的判断力度。

在实现虚化以前,"的说"其实应为"地说"。状语语义指向的不确定性为"小句+的说"的形成提供了可能。状语有的可以指向其所修饰的中心语,有的可以指向主语等其他句法成分,这就可以将"主语+状语+的说"重新分析为"主语+谓语+的说"。而主语生命度的降低最终确立重新分析的结果。此外,由"地"向"的"的转变和汉语双音节的趋势进一步促成"的说"的主观化和词汇化。

6. 糅合构式

对于诸如"果不其然""一座座山川"等糅合构式而言,大部分人已觉察不出其中不符合语言规范的地方,因此,这些糅合构式几乎已成了人们的正常用语,也就是成为变异话语 3 的成员。显然,它们之所以能够广泛流行,与"人类认知思维的杂糅特性"和"言语表达过程中语义突显策略"是密不可分的。

7. "不能同意更多"构式

"不能同意更多"是一个新兴的网络用语。"不能"可以被"无法"替代,"同意"有时可以用"赞同""认同"等近义词替换。学术界多不认同"不能同意更多"的合法性,有人认为这是来自对英语"I can't agree more"的错误翻译,是一种负迁移现象。

"不能同意更多"在语义上大致等同于"完全同意"。不过,两者相较,"不能同意更多"在句法上表现出一系列的特征,这主要表现为以下三个方面。

首先,在肯定和否定方面存在不对称性。

一般情况下,含有"不能……更多"的句子所表达的是某种行为、状态未达到言者的预期标准。例如:

例（33）作品小主人公毛毛的母亲是个典型，她一天要接二十个客，每天给她的男人挣一千法郎，她始终不能与亲生儿子见面，而在<u>不能挣更多钱</u>时，却被她的男人杀死了。

例（34）从邵老汉的笑容里，我们难道<u>不能悟出更多、更深刻的东西</u>吗？

在例（33）中，"不能挣更多钱"蕴含的是挣钱数量没有达到预想的标准；例（34）是个反问句，通过对"不能悟出更多的东西"的反问，表达者希望人们的思考能达到一个预期值。

不过，因为"不能同意更多"的产生来自英语"I can't agree more"，所以该用语在语义上体现的是对表达者预期值的最高满足。例如：

例（35）这个吧友真说到我心坎里去了！<u>不能同意更多</u>！

例（36）你为什么还是单身？这答案简直<u>不能同意更多</u>啊！

在例（35）中，"不能同意更多"是言者对吧友说法的认同，认为该说法已经达到心理预期的最高值了。例（36）是同样的情况，相关的答案符合言者心理的最高预期。

对于"完全同意"来说，自然有相应的否定形式"不完全同意"和"完全不同意"。例如：

例（37）刘宗敏虽然<u>不完全同意</u>马上就起用摇旗，但也不好再说别的话。

例（38）林奇的一盘录音带，里面有一段话我<u>完全不同意</u>。

与之不同的是，"不能同意更多"没有相应的肯定形式，即单纯去掉否定标记"不"，形成"能同意更多"或者"同意更多"等表述。也就是说，该用语不存在相应的肯定形式。

其次，构式中的中心语存在不可还原性。

尽管在"I can't agree more"中"more"作状语，但在现代汉语中，与"more"相对应的"更多"如果位于动词之后，肯定会修饰一个中心语，然后构成那个动词的宾语。

在其他情况下，如果句中的中心语没有出现，那么中心语其实是省略或隐含了的。例如：

例（39）马刺赢得总冠军总共打了多少场球，110 或<u>更多</u>，算上常规赛和季后赛。

例（40）马刺赢得总冠军总共打了多少场球，110 或<u>更多（场球）</u>。

例（41）我们的脑子已经非常习惯于进化的理念，我们总是希望自己能获取更多，变得更有学问、更优秀等。

例（42）我们总是希望自己能获取<u>更多（东西）</u>。

例（39）中"更多"所修饰的中心语是"场球"，中心语在文中省略了，可以补出；例（41）中"更多"所修饰的中心语是隐含的，我们也可以用一个模糊的词语，如"东西"将其补出。

按理说，在"不能同意更多"中"更多"也应该修饰一个中心语，但是这个中心语所述的空位却难以补出其他成分，有别于省略和隐含的情形。

例（43）高手在民间，这句话不能同意更多了①。

例（44）不能同意更多这句话。

在例（43）中，如果将话题"这句话"进行还原，那么就形成例（42）所示的"更多这句话"，显然有悖原句意思。

而对于"完全同意"来说，则不存在话题无法还原的情况。对于其他含有"V 更多"的话题句来说，话题也是可以自然还原的。例如：

例（44）这最后一句话，我完全同意。在美国，甚至连创作学校也是被供求相应的社会形势而商业化了的。

例（45）我完全同意这最后一句话。在美国，甚至连创作学校也是被供求相应的社会形势而商业化了的。

例（46）蔬菜我能吃更多。

例（47）我能吃更多蔬菜。

---

①原句为"这句话不能同意得再多了"，"不能同意得再多了"与"不能同意更多"意义基本相同。为论述方便，这里对其进行了改写。

正是由于话题不能还原至"更多"所修饰的中心语的位置，因此相关语句中原本应有"更多"修饰的中心语会提到动词同意前面，作介词"对"的宾语，构成介宾结构。例如：

例（48）姚明表示，对陈盆滨的观点"不能同意更多"，他认为，增加体育人口是中国体育实现突破和改革的关键因素，实现体育产业的"五万亿不能靠再造20个'鸟巢'"。

在个别情况下，"不能同意更多"会作定语，"更多"与定语的中心语没有直接的句法关系。例如：

例（49）标题：不能同意更多的幸福论

内容：①不以成功，荣誉，胜负为目的行动；②持续做忍不住想做的事……

例（49）的"更多"不能直接修饰"幸福论"，因为结合内容来看，这还是言者用"不能同意更多"对"幸福论"进行的评价。

最后，构式的主语会经常性地省略。

对于"不能同意更多"来说，由于受到翻译因素的影响，其对应的主语一般是"我"。例如：

例（50）引一位吧友的观点，不能同意更多！

例（51）探寻就是要不断相信，不断怀疑，不断幻灭，不断摧毁，不断重建，为的只是避免成为偏见的附庸。不能同意更多。

不仅如此，即便语篇中有类似承前省略的环境，"不能同意更多"所对应的隐含主语依然指称言者。例如：

例（52）主持人的评论，不能同意更多。

在该例中，根据相关表述的内容，"不能同意更多"是表达者对主持人所作话语的赞同，因此相应的隐含主语就是"我"。除此之外，更多的情况下，"不能同意更多"的主语"我"经常在对话的环境中省略①。例如：

①网络中的跟帖不能算作典型的对话，我们可以将其看作延时对话的书面表述。

例（53）A：脑科学科普：罪恶感、羞耻感从哪里来？我们在欺骗他人或者考试作弊后，常常会产生罪恶感和羞耻感。……

B：<u>不能同意更多</u>，没有羞耻心和罪恶感的人，只能是 shame on you。

例（54）A：谁也说服不了谁，拖下去又是内耗，要不咱们来 battle 呗？输了的、没打的禁止就这件事进行观点输出 30 天（或者一个别的期限），如何？

B：<u>不能同意更多</u>！

可以看出，"不能同意更多"的肯定否定的不对称性和中心语的不可还原都受英语翻译的影响，英语的原文规定了"不能同意更多"在形式和意义上的限制，可以说是构式压制的体现。而主语的经常性省略，则是其自身在汉语中使用的发展，因此基于其形式和语义上的特殊性，"不能同意更多"应该视作习语化的结构①。

就构式的功用来说，"不能同意更多"之所以能够在网络环境中存在，是有一定存在价值的，具体包括两方面。

第一，增强主观力度。

正规用法中的"完全同意"和网络用语"不能同意更多"都有评价的语义，但是后者的主观性更为强烈。

就"完全"来说，《现代汉语词典》（第 7 版）只认为有一个范围副词"完全"。有人则认为现代汉语里副词"完全"有两个，记作"完全 1"和"完全 2"。"完全 1"有"全、全部"。"完全 2"跟"完全 1"不同，"完全 2"表达的是一种强调语气，表达范围已经不是其主要功能。但由于它是由"完全 1"发展而来的，所以有时还是可以用"全部"来替换的。无论如何，"完全"所表示的主观性还不够强烈。评价是一个主观性的言语活动，正是因为"完全"作为语气副词具有不彻底性，人们会有采取其他方式进行主观性表达的动因。

---

①也有"不能同意得更多"的说法，该形式与英语的对译更为明显，"更多"在这里作状语，与作状语的"more"有更多相通之处。不过，相较"不能同意更多"，该说法出现频率较少，相应的，不能还原或者补出的成分是"同意"的宾语，其他性质则与前者大致相同。

就认知能力来说，人们具有识解的能力，即可以用不同方式感知和描述同一情景的能力。"完全"所表示的范围的量可以重新识解为程度的量。这样，相应的范围副词可以转化为程度副词，如"略微同意""非常同意""更同意""最同意"等。不过，程度副词作为动词的修饰语，不足以将程度量凸显出来。如果想将程度量凸显出来，那么程度副词移至句末，成为自然焦点就可以成为凸显的目标。这样，在英语"I can't agree more"的影响下，程度副词也会后置。

不过，单纯的程度副词不能单独表示程度量，要与形容词进行组合。这就形成了"我不能同意更多"，通过否定程度量的增加来体现极性的肯定。这种极性的肯定是基于言者自身的认知的，自然也表现出了主观性。

当然，极性的肯定是蕴含在否定之中的，为了更加凸显主观性表达，有时还需要一些语气副词进行配合。例如：

例（55）你为什么还是单身？这答案简直不能同意更多。

例（55）的"简直"是语气副词，加大了极性肯定的力度。

前文所述，"不能同意更多"在句中对应的主语一般是"我"，这也是主观性的印证。有时也有非表达者的主语，这便产生了移情作用。

第二，模糊概念表述。

前文已经提及，"更多"所修饰的中心语不可还原。从语义上来说，这其实是表达者思想模糊的外在表现。

在语言的具体运用时，言语是对具体内容的指称。而表达者听到指称具体内容的言语后，在作出评价时，会对这些言语再做一次概念上的抽象。这就涉及了相应语言内容再次符号化的一个过程。例如：

例（56）李汉秋同志认为："①《儒林外史》反映了儒道互补的思想潮流，塑造了一些兼具儒士、名士特色的理想人物。"②我完全同意汉秋同志的见解。（CCL语料库）

例（57）"老李，我们应该看到：①人民群众是改革和发展的主力军，也是稳定的主力军，改革和发展要依靠人民群众，稳定大局也同样要依靠人民群众。稳定大局各级领导当然需要亲自做工作，但更要相信群众，发

动群众，依靠群众来做工作。"②"完全同意你的意见"，李东喜说。（CCL语料库）

在例（56）中，①是对李汉秋说的话，这些话是对相应内容的指称，②的"见解"是对这些符号进行的再次符号化的过程。例（57）同样的道理，①是论述人民群众作用的一些话语，②中的"你的意见"是对这些话语内容的指称。

表达者在评价时之所以有一个再符号化的结果，一方面是有指代作用，避免语句重复；另一方面体现了概念化的不同方式，表现了言者的相关认识。但是，这种再符号化需要言者具有一定的知识水平。

如果人们不能用合适的语言符号对相应的言语进行指称，那么最好的办法就是回避。既然由"更多"所修饰的中心语在作动词的宾语时可以省略或隐含，那么"不能同意更多"就成为网络环境中进行评价的有用手段。例如：

例（58）①有时候出门扎个丸子头2个小时都扎不好然而每次洗澡时随手扎个丸子头都觉得美到爆炸。简直了，不能同意②更多［］！！！

例（59）中的①是需要表达者进行评价的内容，而其中的言语形式都是对相应内容的指称，言者需要概念化的符号对这些言语形式进行指称。②当中的"更多［］"就是这种模糊处理的结果，因为无论如何"更多［］"中的语言成分也不会还原或补出，所以就很好地回避了再符号化的过程。

回避之后，表达者有时会附加其他的语句，对模糊化的概念进行补充性的阐释。例如：

例（60）是的，不能同意更多。做会议也是这样，后来我发现每年做几场会议对于形成团队凝聚力，打通不同部门之间的协作和资源挺有帮助。团队每年集体做几件事情还是有必要的。

例（61）不能同意更多，我还专门做了个网站算了一下。

当然，即便表达者使用其他评价形式，也可以附加其他语句进行补充。不过，对于"不能同意更多"来说，这样显得更有必要。

"不能同意更多"在某些情况下似乎出现了进入正规语体的端倪，在人民网上就有个别的用例。例如：

例（62）巧合的是，尚雯婕随后就在自己的微博中发布了一条与网游相关的信息。"听同事说最近有不少打打杀杀的网络游戏和神经分分的影视剧找我合作……我没有表示认可，但也<u>不能同意更多</u>。"

例（63）在她看来："跟异性要么是普通朋友，要么就是另一半。若有红颜、蓝颜知己的存在，我们都会彼此吃醋的，还是不要了。"对这段话小编简直<u>不能同意更多</u>！！！想说她的三观也太正了！

观察这些例子，我们可以发现"不能同意更多"还处于引述和转述的形式下，或者是娱乐新闻等语体之中。那么，它会不会最终进入正规语体呢？我们认为答案是否定的。

因为不论是凸显主观性，还是对概念的模糊化处理，都是对表达者有利的方面。"不能同意更多"在进入正规语体之前，应视为超常的修辞现象。对于修辞效果而言，"接受者完成由可能性向现实性的转化"，好的修辞现象能给接受者带来增值接受，也就是说接受者可以获得额外的语义信息或者审美信息。

"不能同意更多"中"更多"所修饰的中心语不出现，与一些所谓的"半截子话"类似。但是，这些半截子话还有额外的修辞审美信息。以"我把你个NP"为例，在这个构式中，相应的谓语动词没有出现，也无法补出，但是一方面交流中有委婉和避讳，另一方面根据语义，构式可以体现多种言外之意。

8. "是时候+VP"

对于另一种不符合既定语言规范的构式，"是时候+VP"句现在也在语言生活中大量出现。例如：

例（64）是时候考虑买点白银

例（65）是时候告知世人这一切了

例（66）中国官方：是时候要求美元停止贬值了

例（67）是时候进入重庆了！

例（68）是时候要改变了

当"是时候+VP"结构与"是 VP 的时候"结构都在单句中作谓语时的情况。

照理推断，如果"是时候+VP"结构本身不合法，那么一切含有该结构的句子都应该转变成"是 VP 的时候"句。

"是时候+VP"句的主语都有含有［+人］的特征。例如：

例（69）是时候该减肥了，之前也有跑步，注意饮食加上跑步，减到了 113 斤，只要正常吃饭就胖得无法无天。

例（70）当前，广东加快转变经济发展方式刻不容缓，如同"逆水行舟，不进则退"，现在广东也是时候告别"赚辛苦钱"的时候了。

例（71）女人是时候对这件事放开点儿了，躲在一层脂粉后，不见得更有安全感。

例（72）西方是时候更多地了解中国了。

从上述语句中可发现，例（71）缺省的"我"和例（72）"女人"的［+人］特征很显著，而"网游公司""广东""西方"等都是由人组成的群体，其发出的动作行为也都是由群体中的人来执行的。所以，这些词语都包含［+人］的语义特征。

"是时候+VP"结构在单句中作谓语时，单句的主语自然是动词短语所体现的动作的施事①。在该结构作句子的其他成分时，其动作的施事依然具有［+人］的语义特征。如：

例（73）邢明才觉得，是时候从多年的积蓄中挖掘商业价值了。

例（74）空气污染这么严重，是时候采取措施了！

例（75）美女完成任务，是时候离开了。

"是时候+VP"结构在例（73）中作"觉得"的宾语，在例（74）和例（75）两个复句中充当分句里的谓语。三个句子中，动作的施事分别是

---

①语法上指动作的主体，即做出动作或发生变化的人或事物，如"冰化了"的"冰"。表示施事物的名词不一定是句子的主语。如"鱼让猫叼走了"中施事是"猫"，而主语是"鱼"。

"邢明"、缺失的"我"和"美女"，它们都有［+人］的语义特征。

在与"是VP的时候"句式的比较中，我们考察清楚了"是时候+VP"句式中动作行为发出者的特征。下面，再对其标志词语"是时候"进行一番探讨。

从语料中看，"是时候"中的"是"显然不是动词，那么"是"有可能是表示强调的副词。但是，一般的强调句如果去掉"是"，句子会变成陈述句。而"是时候+VP"句中的"是"如果除去，那句子就不再成立。

例（76）我是昨天找到了这本书。

例（77）我昨天找到了这本书。

例（78）大家是时候提交论文了。

例（79）大家时候提交论文了。

因此，"是时候"中的"是"除了在语气上表强调，它还类似于古汉语中的指示代词"是"，可以解释为"这个"。

"是时候"的意义相当于"这个时间段"。

"这个时间段"的具体所指往往在语境中才能得到体现。例如：

例（80）我有一个保守了很长时间的秘密，也许现在是时候公开了。

例（81）很清楚，这样的现状有利于保险行业，不利于美国民众。经过一年费力的辩论，是时候向改革迈进了。

例（82）传统喜庆的中国年将至，是时候将目光锁定喜气洋溢的中式服装了！

例（83）高清时代走到今天，已经十分成熟，是时候推出真正意义上的次世代级作品。

通过上述例句，可看出这些动作行为在发话的那一刻都没有进行，所以"是时候+VP"句式在语用上有催促动作主体去执行这些动作行为的作用。因此，具有鼓动性的新闻标题有时也采用这种句式。

例（84）《北京晨报》：年龄门，是时候把它关上了。[①]

---

① 例（84）与例（85）的主语是省略的。

例（85）德媒：是时候更新中国印象了。

例（84）和（85）的语句如果除去"是时候"，则"催促"的语用功能便随之消失。可见，"是时候"也有情态功能，类似于"要/应该"这类助动词。

综上，"是时候"语义上表"这个时间段"，语气上强调"在（这个时间段）"，而情态上则类似于"要/应该"的功能。

一种句式能够成立，必然在认知层面具有理据性。"是时候"是一段时间，而动词短语所体现的动作行为要在"是时候"这个时间段内进行。因此，可以发现"是时候VP"结构很符合以空间为基础的时间表达的特征。"是时候"表示时间段，人们可把它视为容器；动作行为在此时间段内发生，可被视为容器所包含的事物。

作为行为主体，他们首先意识到的是外在的容器，通过这个时间容器，才能"取出"（执行）里面包含的动作行为。对于传统的合法结构"是VP的时候"而言，VP作"时候"的定语，只是表示该时间段的某种特征，VP与"时候"的关系显然要比"是时候VP"所隐喻的空间关系要抽象得多。根据认知心理学理论，空间关系中的这种容器隐喻是人们的经验知识，所以，"是时候+VP"比起传统的合法句式更能引起人们的注意和理解。通过这种"容器隐喻"，人们便很容易将较为抽象的时间关系转化为空间关系，使接受者更容易"打开容器取出内部的事物"，有利于表达者达到指令、宣告等目的。动作的执行者即便是讲话者自己，这种表达也会督促言者自身行动的实现。这也是为什么"是时候VP"句式中动作施事一定具有［+人］的特征。

认知语言学认为，语句是一个认知框架，认知始于关注。关注有两种，即聚焦和扫描。目标物是聚焦关注的对象，参照物是扫描关注的对象。首先，对于汉语来说，语句的语序有从参照物到目标物的倾向。因此，将"是时候VP"句式与其变体"VP是时候"相比较，前者是先说"容器"，再说"包含之物"；后者则反之。既然"是时候VP"句式在语用上催促动作主体去执行动作行为，那么，动作行为就最有资格作目标物。其次，人们往往把容器视为整体，而把包含之物视为部分，汉语倾向于把整体放在部分前面，因此"是时候 VP"也符合"整体—部分"的认知框架，它的出现频率远远高于其变体。

此外，"是时候"具有情态功能，那么它放在 VP 前也更合适。这也是变体式微的原因之一。

9. 年份倒序

在网络语言中，人们会改变一些本已固定的表达形式。例如：

例（86）快 9102 年了，你竟然还不会用 Python？

例（87）都 8102 年了，我看的电视剧怎么还这么老土？

例（88）都 7102 年了，还有人在播这游戏。

很明显，以上各句的"9102 年""8102 年""7102 年"不是现实世界中真正的年份，分别表示的是"2019 年""2018 年""2017 年"。

这样的表达方式具有新奇性，但为什么人们要使用这种虚拟的年份呢？我们可以从它们所在句子或文章所表达的内容中看出线索。在例（88）—例（89）中，句子所表达的都是一种新观念，表达者通过诸如"你竟然还不会用 Python？"这样体现指责语气的语句，希望相关读者尽快适应新观念。

时代在进步，观念在更新，与之伴随的表层现象就是年份的推移。不过，人们的观念并不是完全一致的，有的人的观念跟得上发展潮流，而有的人的观念还停留在过去的时代。当我们说一个人观念落后时，可以说：

例（90）你的思想还停留在十年前。

例（91）不要再用二十年前的老办法了。

有时，表达者为了提醒某些观念落后的读者，经常要提及当前的年份，以便让读者明白他们自己的观念没有跟上当前的潮流。例如：

例（92）都 2018 年了，你还不承认电子竞技吗？

例（93）都到 2017 年了，别再翻当年的那些老皇历了。

这样通过对比新旧观念所处的时间距离，将作者与读者之间观念的距离通过计数的方式体现出来。

不过，人们的观念并不是轻易可以改变的。想要影响并改变别人的观念，作者先要做到的就是自己的言语对于读者产生吸引力。更何况，对于标题来说，言简意赅是其基本要求。于是，在有限的字数内，年份内部数字倒叙排列的手法成为使用的可能。

这种手法会产生两种作用。

一是飞白写法的吸引作用。网络时代信息量巨大，人们的阅读呈现出碎片化的特征，对于平淡无奇的标题往往忽略。而"9102年"这种明显"飞白"（故意写错）的表述，自然可以引起人们的注意。

二是夸张表达的错配作用。表达者和接受者所处的时代相同，但是观念不同，也就是说表达者的心理时间位于现在，而接受者的心理时间位于过去，并且接受者往往不自知。因此，表达者就更换了另一种参照标准，将接受者的现实时间和心理时间等值对应起来，而将表达者自己的心理时间大大推向遥远的未来，于是就形成"9102年"这样的夸张表述。接受者面对这样巨大的心理时间差距，自然会尝试对表达者的观念进行解读。

这种诸如"9102年"的表述手法也给我们带来了两点启示。

第一，修辞往往是以建立表达者和接受者的心理认同点为基础进行的，而且往往是作者主动构建共同点来吸引读者。然而，"9102年"这样的表述则是表达者故意"破坏"了与接受者之间在时间上的共同点，接受者为了探明原因而进入表达者的修辞过程中，这就形成一种特殊的表达者修补共同点的现象。

第二，形式决定了修辞的可能空间。固然，"2019年"改写为"9102年"，体现出了一定的心理时间差，但这种改写取决于个位数的数值。2019、2018、2017等个位数的数值大，改写起来自然引人注目，而2011、2010等个位数的数值太小，就无法进行相应改写。正因如此，这种倒序排列的方式才在最近几年兴起，同时可以预见，等到了2030年，该表述手法流行的可能性不会太大，即便使用倒序排列，也是有条件的，可能会有新的表达手法产生。

（四）连续统上的变异话语

这些变异话语组成特定的连续统，它们不是单独存在的。一些语言现象的辐射范围比较广，与整个连续统有关，如"程度副词+名词"这样的搭配，变异话语类型不一样，其中的语言现象的形式也存在一定差别，但有一点是一致的，就是它们的本质。最具代表性的是字母词与借形赋义。

1. 借形赋义

语言属于特定的符号系统，语言符号能指和所指之间的联系是固化的。若是故意改变符号，让这两者的关系出现了变化，那么就应被纳入修辞行为中。当在特定社会因素的基础上改变符号的时候，该行为就属于群体修辞。

针对上述情况，一些学者进行了分析与探讨。从符号的能指这一角度进行研究，刁晏斌表示借形赋义的情况，汉语有很多，换言之就是利用现成的词语传递新的意思。徐默凡认为，无关谐音这种情况，一些流行语中也有，也就是说，民众基于玩闹的心理会利用一些语言符号进行指称，且这些符号与既有现象没有任何联系，随后其继续解释道：通过一些语音的方式，对以前的概念定义进行描述，以展现反讽的作用，这样的反讽充分体现了现阶段民众的心态。徐默凡全方位阐述了此类现象的认知机制及构造。

围绕符号的所指进行探讨，崔淑珍等人从修辞的角度出发，分析了意识形态具有的功能，他们认为：在修辞情景的加持下，修辞者利用意符的模式，描述其意识形态，让修辞者的思想、理念等符合其意识形态；修辞者借助意符，吸引观众，让他们的理念、观点及行为，和修辞者趋于一致，换言之就是达成协作。

在意识形态上，学者的理解与研究结论各不相同，形成各种观点，简单来看，民众从社会价值层面对特定事物进行界定，即意识形态，主要有中立、褒扬以及贬斥这些态度。意识形态是语义的构成内容之一，语义主要包括非描述义、描述义，其中，前者涉及社会义、表情义。也可以将来源于意识形态的社会价值定位，视作社会义的一种。语言符号的能指出现变化后，对以前能指与所指间的关系造成一定的影响，也许在社会义、表述义等层面所指出现了变动。

根据上述内容发现，符形的变化可以通过意识形态进行显现。依照符号表达形式的差异，在社会义的变化上话语群体的反映也各不相同，也就是说，借形赋义的模式大致有隐蔽、全显现及半显现。

（1）全显现模式

该模式即基于保持以往能指，表现新能指，由此传递特定的意义，从而彻底改变原所指社会义。

一些全显现模式立足于维持原能指，借助注音，描述所指出现了一些变化。例如：

有的人为了简化输入过程，没有标上声调。例如：

例（94）这些年中信在信用卡权益和网络渠道建设方面下了不少功（za）夫（qian）。

这一例句借助注音的方式，指出作者觉得这些功夫，其实就是砸钱发挥的作用罢了，其对大部分认同的功夫的社会义进行了否定。

网络里的大部分语言符号，都是通过文字的方式来展现的，所以有时人们会直接通过汉字来标注。例如：

例（95）这场大革（作）命（死）终结了巴列维王朝，也终结了伊朗几千年的君主专制。

这个句子用作死，来代指革命，意味着作者并不认同此革命的社会价值。

根据这些例子可知，全显现模式具有显著的表意性，对此持认同态度的人也很多，所以其属于变异话语3的范畴。

（2）半显现模式

借助相似的音节，指代原符号能指，即半显现模式，主要反映在原语言符号利用相应的近音字和同音字进行呈现。不论是近音字也好，同音字也好，它们将原能指取而代之，和所指构建了一定关系，反映了作者的修辞目的，但显著性低于上文第一个模式，因此属于半显现态势。例如：

例（96）有些人对西式皿煮的谄媚已刻到骨子里了！完全无视国情、民族特性、国际环境的差别。

在这一句中，说话人用近音字取代了民主，体现了说话人对那些臣服欧美国家民主的人的讽刺与批判。

一些人在应用过程中，仅换掉了一些语素的音节，尤其是展示原词语深刻意义的那部分音节。例如：

例（97）如今有很多所谓的社交媒体"砖家"拥有不少粉丝，但拥有众多粉丝不代表就真的很精通社交媒体营销。

例（98）我理解的公蜘不是指唱反调的人，而是指那些胡乱唱反调的人。

在上述两个句子中，第一个例句中的说话人只换掉了一个"专"字，这说明说话人不认同某些专家的社会价值，认为这些"专家"都是伪专家。第二个句子用蜘蛛的蜘来代替"知"，充分说明了说话人对那些唱反调的公知的不满与反感。

但是上述用近音字来代替的字形还没有完全统一，如"民主"，一些人还会用明珠、皿煮等方式进行代替。例如：

例（99）移民欧美能证明中国人对皿煮很渴望吗？

例（100）被冥主坑害的另一国家，再次面临内战边缘。

例（101）JY又出新模板：只要有美式明珠，怎么镇压都可以！哈哈！

通过上述句子可知，表述者对民主进行替换，表现了其对民主的否定与讽刺。

该模式利用音近及同音字进行替换，能够将相应的表述压缩到某群体中，源自该模式的借形赋义可以纳入变异话语2中。根据相关实例可知，大家在应用半显现模式的时候较为随意，特别是音近的应用幅度很难掌握。如例句中的明珠，与其替代的民主存在一定的差别，所以根据该模式形成的一些特殊案例也有可能被归入变异话语1之中。

（3）隐蔽模式

隐蔽模式，即将以前语言符号的音节，借助首字母来替代，把原能指和新能指的联系充分削弱了，同时被显著淡化的还有接受者认知旧能指的语音线索，所以属于隐蔽的态势。例如：

例（102）揭秘选举活动：最另类、最虚伪的笑话，JY 们哭爹喊娘无法接受！

例（103）听说要打稀土牌，看到微博上的 GZ 们一个劲地反对，看来这牌打对了。

在上述句子中，分别用"JY"，"GZ"来取代精英、公知，这也表明了说话人对公知、精英的否定与不满。

较之上文的第二种半显现方式，这一模式的表意透明性显然更弱一些，所以应将其归入变异话语 2，还有被纳入变异话语 1 的可能。

由于各个语义之间的分界线不明确，比较笼统，所以借形赋义和另一些修辞成效间的关系也比较密切。

从第一种全显现模式的角度看，全面展现了某词的反面及正面所指，这样的比较呈现了幽默的作用，将会让接受者转移目光，让其不再以符号社会价值的评估为主。例如：

例（104）债权人刚拒绝希腊的要求从而引起恐慌，齐普拉斯带领希腊人民走上民（di）主（pi）道（liu）路（mang）之路越来越远。

从这一句子的意思来看，说话人不认同希腊民主道路的社会价值，其将国家政治制度和"地痞流氓"放在一起比照，展现了拟人的作用，促使接受者把焦点放在语言风格上。

而一些人标注的是其他网络词语，这全面反映了语言嬉闹的特征。例如：

例（105）一个文（dou）艺（bi）青年的独白。

例（106）无责任考（yi）究（yin），关于 G19 骑士团的历史考究。

尽管以上例句借助新能指，改变了原所指的社会义，但是此类网络词的娱乐性能够分散接受者的注意力，让他们把目光投向了语言风格。

在隐蔽模式上，由于词语意义藏得比较深，使接受者的范围变小了，因此在研判社会价值时，需借助比较这一方式来展开。例如：

例（107）精英 JY 这个词，在很久很久以前是褒义的，现在似乎成了专业贬义词了。那么，如何定义现时精英的概念？

该例句将精英和 JY 放在一起使用，代表着表述人描述的精英与语言社团中的意思完全不同。

在半显现模式中，虽然近音代替法包含一定的语言幽默特性，但与全显现模式比较来看，其社会义更胜一筹；与隐蔽模式对比来看，其对接受者的吸引力更强，可以构建话语群体。由此可见，这是某话语群体保护继承自身文化的一个主要方式。

借形赋义形成的原因主要包括：第一，与话语群体间的较量有关；第二，与语言符号自身因素息息相关。

一方面是强势话语群体的约束性。社会中的人，其思想理念、个性及阶层不同，形成的话语群体也不一样。从国际传递的角度看，世界如同一个特定的话语社区，欧美国家的经济及政治优势非常突出，其在话语群体中占有重要地位，所以是强势话语群体，而东方社会则属于弱势话语群体。西方社会话语，尤其是美国社会话语，在其他国家形象的塑造与国际地位的界定上，具有重要影响。中国的形象被持续界定，从国家的角度看，强势话语群体属于规约化的体系社会，弱势话语群体则是展现一部分群体个性的群体，这些群体的话语主要通过网络语言进行展现。

当强势方的社会价值研判，不符合某些话语群体的社会价值评定时，这些群体就要充分凸显自己的价值理念。强势方操控着某语言社区的话语权，相当于对其评定权、命名权进行把控。所以，弱势方无法构建相对立的评估及命名体系，这促使其不得不根据原体系进行调整。

另一方面，是调整能指的低成本性。交流与对话中的词语具备一定的含义，约瑟夫·列文森（Joseph Leven Son）划分了含义，其认为含义主要包括非规约、规约这些类型。大部分词语的社会义，属于规约含义。通常情况下，转换规约含义，将其变成非规约含义，要有语境的加持。然而，在现阶段网络文化的影响下，分散的信息抓住了大部分人的眼球，那些借助语境改变词语社会义的现象很难获得接受者的重视。而让语言符号出现变化的能指，由于其符形呈现方式比较独特，很多人觉得其非常新奇，所以能够吸引大批网民，接受者众多。

2. 字母词

一些语言现象除了与各变异话语具有紧密关联，还与常规话语有关，比如字母词。

在公共语言环境中，人们应用的单词包含字母的词语，即字母词。学者既要进一步探讨此类词语的构词方式，还需分析其形成的原因，深入剖析字母词的造词法。这样才能充分了解字母词相关知识，从而帮助人们灵活应用字母词，并提升民众应用的规范性。

从普通汉语词的角度来看，虽然在语义等层面，新词和原词存在某种关联，但其的形成通常和新定义、新事物的表述要求紧密相关。所以此类造词需要经历"由无到有"的过程。

从字母词的层面看，因为定义和事物可以用词语进行指代，字母词是由旧词形体逐渐发展形成的，所以其形成的过程就是"由有再到有"的变化历程。

不论是由无到有，还是由有再到有，其认知上的紧迫性都不存在了。造词法不是一个自足的系统，其会被社会、认知所制约。若认知因素衰退，那么促使造词不断推进的重要因素只能是社会因素。所以，后续会以社会因素为主，深入研究字母词的形成原因及产生模式。

汉语词、字母原型词，这是字母词的重要来源之一。该词是通过这些词形成的。因为篇幅有限，所以这里不再详细探讨与数字有关的字母词。实际上数字与字母都不属于汉字体系，可以把它们放在一起研究。数字通常是字母的缩略，一些人认为其就是字母词形成之后的拓展与变化，如 4S 店；也可能是某个词语的谐音，如 V5，指的是威武。

首先，可以先看由字母原型词转为字母词的形式，主要包括如下七种方式。

第一种方式：汉语直接应用外语中的字母词形。

在常规性命名时会频繁应用此类字母词，借助字母缩略词这一方式，来表述相应事物，如 FIFA、WTO 及 GDP 等。

第二种方式：字母词是通过外语缩略词的首字母产生的，不论是其词义还是词性，都出现了改变。例如：

例（108）我们一起 K 歌去。

例（109）这张图是 P 的。

例（110）麻烦你把这个人 P 掉。

第三种方式：通过汉语拼音转换，构建词语缩略模式，由此获得了字母缩略词。

比如，HSK、GB（国家标准）等，是典型的字母缩略词。值得一提的是，虽然是缩略方式，但是一些字母缩略词，不可转变为相等的汉语缩略词。以 HSK 为例，其形成过程大致为：汉语水平考试—汉水考—HSK，然而真实话语中只有 HSK，汉水考极少见到。

第四种方式：通过外语字母来书写汉语词语缩略形式，由此产生了字母词，例如：

例如，ICBC（Industrial and Commercial Bank of China，中国工商银行）、PICC（People's Insurance Company of China，中国人保财险公司）、PLA（People's Liberation Army，中国人民解放军）等。

第五种方式：通过字母原型词，形成"字母+汉语成分"这样的结构。

在形容物体形态及标记的字母词中，其原型大多是 B、Z、X 及 A 等这样的单个字母，其与汉语成分有机融合，获得了这样的形式：

可以进行标记的字母词，如 B 超、X 射线等；

形容物体形态的词，如 X 型腿及 T 型台等。

其中的汉语成分代表了形容描述的对象及标记的对象。

对于那些用于常规性命名的字母词而言，其中的汉语成分，其作用大多为语义提示。例如，绿色 GDP、IT 产业、IC 卡及 IP 地址等。

在语篇中，也有用于语义提示的汉语成分。例如，大家在使用通过其他模式产生的字母词时，词后会标注汉语形式，或把字母词当作注脚。例如：

例（112）日前，贝宁阿波美卡拉维大学孔子学院举行了奖学金录取通知书和 HSK（汉语水平考试）成绩单颁发活动。

例（113）第三军医大学新桥医院新开设 PICC（经外周静脉置入中心静脉导管）护理门诊，为非住院期 PICC 置管的患者提供专业化服务。

例（114）4 月 23 日—27 日的这一周，世贸组织（WTO）除将召开三场与贸易救济相关的会议外，还要召开 WTO 争端解决机构（DSB）例会。

但是，与词法相比，语篇中的汉语成分和字母词之间的联系较弱。若一部分字母词被大量应用，大家对其并不陌生，那么可能会略去汉语注解。

例（115）李宁签约第四位 NBA 巨星

通过以上模式得出，第一、第三、第四和第五种方式的基本词义和原型词比较来看，未出现变化；出现变化的是第二种方式。

然后，由汉语词转化成字母词的形式有两种，即以下第六种方式与第七种方式。

第六种方式：一些词语可以通过字母的方式进行呈现。

在该规则的加持下，存在多个词同时应用同个字母词的现象，如 MM/mm（卖萌、么么、慢慢、妹妹、妈妈、明明、木马、泯灭等）；XZ/xz（小资、星座、下载、学长）等。

汉语形式不一样，但其可以有形式相同的字母词，想知道某字母词与哪个汉语词对应，需明确具体的语境，尤其是表述者常用的表达方式，这是深入沟通的前提。所以这也可以对盲语群体进行界定。例如：

例（116）我 XZ 完了，可以继续了。

游离于一个交际群体外的人，想要了解 XZ 的意思是很难的。

第七种方式：借助字母方式表示特定的汉语词语，还能使其感情色彩发生变化。

一些词语的感情色彩出现变化，常见的是从中性词转向贬义词，或者由褒义词变成贬义词。例如①：

例（117）在 TC，哪位韩星最得宠？

例（118）只有王必屯，袁庄不会动的，开发商和 zf 双方都没钱，拆不动。

一些词语的感情色彩变弱，利用字母方式后，进一步提升了符号的空洞性，一部分詈语产生的情感冲击可能会降低。

在字母词的构建模式中，要关注以下层面。

首先，一些字母词表面上看词形和结构都一样，但其构建模式存在差别。由于造词法和构词法探讨研究词的视角不一样，因此生产模式不一样，由此形成的结果在结构上可能存在许多共同点。

其次，还有不属于上述任何一种产生模式的字母词，如大部分民众都了解的卡拉 OK。其中，卡拉与音译有关，没有语义提示的功能，但此类方式是由特定原因形成的，也许与文化相关因素具有某种联系。

字母词的产生方式比较多，与其社会话语动因密不可分。

语言既是交际的一个重要手段，还与社会活动中的个体与集体息息相关，其需要语言来凸显自己的价值与作用，韦恩·布斯（Wayne Booth）认为，语言是"个体、团体存在的基础"。存在形式不一样，使话语权的设置出现了失衡现象，可能会对语言方式的反映产生一定影响。通过社会这一层面看，话语权分配失衡是字母词产生的主要原因。

第一，外部话语动因。

字母词的形成与西方语言具有紧密联系，其由汉语自然演化而成。较之世界通用语言之一的英语，在全球事务中，汉语的话语权相对不高。所以为了让国际交流更加便利、高效，汉语只能借鉴、引入一些西方文字，这就是话语权的屈从。这集中体现在第一种方式产生的字母词上。因为压制是从外部世界传来的，因此笔者用"外部屈从"来指代此类屈从。

---

① 这与前面讨论的借形赋义相同，其实任何语言现象因为视角的不同，对其命名也会有所改变。

在与全球接轨的观念的影响下，汉语也会拓展、打造一部分字母词，比如通过第三种、第四种方式产生的字母词；还有面向原型词应用部分汉译的方式创造的字母词，比如第五种方式产生的字母词。实际上，这是汉语在世界交流中的主动屈从，在这里笔者用"内部屈从"来称呼它。

通过第五种方式获取的字母词，里面有汉语成分，因此汉语本体对其影响非常明显；来源于第三种方式的字母词，主要是借助汉语拼音进行表达的，所以其中也有汉语的身影。通过第四种方式产生的字母词，是借助汉语英译进行表述的，因此在这三种方式中，这一方式的"国际化"最突出。由此可见，在这三种方式中，内部屈从度最高的是第四种方式，最弱的是第五种方式。

根据生活世界与系统的细化情况看，字母词就是所谓的常规话语。

第二，内部话语动因。

汉语社区内语言是比较完整的，其具有弱势话语权与强势话语权这两者的博弈与对峙。前者会被后者所压制，还会利用后者应用的字母词。此外，前者为了与后者对抗，躲避后者的压制，会通过独特的话语方式，展现自己的独立性。

话语形式来源于符号，与符号具有重要关系，而符号的组成部分包括所指、能指。毓君等人表示，话语权就是几种权力相互影响、互相交织和相互作用，即第三方的监控权、说话人的说话权、听话人的不听权等。这些权力集中展现在能指与所指的变化上。能指出现变化，导致一些人出现认知困难，有助于确保听话人的不听话权与听话权及第三方的监控权得以正常行使。所指变化，为说话人说话权的实现提供了支撑，阐述了其意识形态。

弱势话语权应用字母词，也存在上述两种情况，即所指变化、能指变化。其中，能力出现变化，会对交流群体产生相应影响，确保弱势话语的交流维持在特定范围内。来源于第六种方式的字母词，可以实现能指捍卫这一目标。

维护动因的字母词在实际应用中，有特定的转写原则，也就是说，当音节的发音和数字、某些字母相差无几时，整个音节通常变成了数字、字母。这在零声母音节中比较常见。如下面这三个例子：

第一，wei→V/v（箭头前为汉语拼音，后为字母符形）。

第二，you→U/u（箭头前为汉语拼音，后为字母符形）。

第三，wu→5。

所以，字母词 V5 就是"威武"的意思（威武→weiwu→V5）。通过百度搜索也可以发现，WW/ww 并没有表示"威武"的意思。

受转写原则的影响，字母词有了更多的描述方式。可以展示语言的娱乐性，有助于提升语言交流群体的向心力，让外部接受者对其一头雾水。

同时，第二种方式也可以实现能指捍卫。但是这一模式形成的字母词主要是形容词和动词，其和相应的名词组合在一起，可以根据内部语境明确其意义，便于其他人了解。所以在这两者中，能指捍卫度最高的是第六种方式。

在应用字母词的过程中，也会让所指产生一定变化，原因是表述者想传达自己的见解与观点，需清除符号的存在特质，让其趋于空洞化，然后再全面地展现其意义。因此，利用字母方式，让原能指和所指之间的关系产生变化，从而为新所指的明示创造了良好条件。这就是所谓的"所指捍卫"。第七种方式产生的字母词可以获得所指捍卫的成效，字母词使原汉语词语的感情色彩发生了变化，凸显了说话人的意识形态。

通过前文的分析发现，汉语字母词的成因和话语权具有非常紧密的关系，包含屈从和捍卫这些层面。

字母词形成的话语动因，主要包括能指捍卫、外部屈从、所指捍卫、内部屈从。

经过探讨得出，通过捍卫动因第二种方式、第六种方式、第七种方式而形成的字母词，其非社会性和临时性比较突出。当前，还没有充分的理由把这些字母词归入词典中。通过屈从动因（第一种方式、第三种方式、第四种方式、第五种方式）而形成的字母词，其社会性等比较明显，以上字母词充分体现了社会中的相应事物，所以可以将其归入词典中。

围绕字母词产生的相应话语动因，根据其表现方式，我们的规范策略如下。

首先，面向因屈从动因形成的字母词，由于其存在的主要目的是和外语世界进行便捷、顺畅的联系与对话，所以应认可它们。由于我国综合实力在不断增强，汉语在国际上地位越来越高。因此，汉语的话语权屈从程度会不断降低，将来，在国际交流中与以上字母词进行博弈的汉语词语会越来越多。

其次，面向因捍卫动因而产生的字母词，由于其存在的主要作用是服务于特定的交际群体，缺乏普遍性，因此正式的交流活动不适用这些字母词。但是在其他类型的交流活动中，因为此类字母词充分维护了说话人的意识形态、展现了其个性特点，因此可以试着接纳它们。

综上，字母词可以充分展现出异质因素，其方式比较多，每个人对其的认同度不同。在划分字母词时，我们还应围绕其话语动因研究等层面，探讨其形成的规律，这样才能明确其具体类型。我们通过规则，对字母词进行规范，便于实施语言教学等活动。

（五）语言现象与变异话语的对应

本节只是简单分析了一些缺乏规范的语言现象和变异话语类型间的关系。根据研究的情况可知，语言现象和话语类型之间的关系可能是相互对应的，也可能不是。这意味着，在规范特定的语言现象时，不能以偏概全。不同话语范畴间的较量与角逐，大致反映在应用这些变异话语与规范这些话语上。

笔者认为，较之其他话语形式，"程度副词+名词"这样的结构分布在这些变异话语中。这一结构分布上的独特性，是笔者以其为对象，展开深入剖析的一个主要因素。

第四章 汉英"程度副词+名词"结构的静态对比分析

第一节 汉英"程度副词+名词"结构中的程度副词对比分析

张谊生吸取借鉴了其他学者的研究成果，明确、充分细化了副词类型，其把 89 个副词纳入程度副词的行列，如更、很、极等。在深入细分程度副词方面，20 世纪 80 年代王力就根据程度的不同进行了全面细分，其认为程度副词的类型主要包括相对程度副词、绝对程度副词。到了 20 世纪 90 年代，张桂宾基于王力先生的细分与结论，根据程度副词的具体程度，全面细分了前文提到的两种副词。在当前学者的探讨中，英语的程度副词概念与标准还不明确，还未制定统一、详细的标准。此外，因为英语在其形容词后加上后缀，即可变成副词，想要细化英语的程度副词，难度系数较高。所以，在其他研究者探索的基础上，通过各个视角来分析汉英的程度副词，汲取中外学者划分程度副词的观点与成果，如张桂宾等人的细分观点。对于程度副词和名词的组合，本节明确细分了其中的程度副词，根据具体程度与语义，划分成相对程度副词、绝对程度副词。

一、汉语"程度副词+名词"结构中的程度副词

在长期的演变过程中，"程度副词+名词"结构由特定的现象慢慢向稳定的结果倾斜。在这样的发展过程中，其中的名词及程度副词展现了自己的优势与功能。前人的研究核心主要是基于名词展开的，以程度副词为主

进行分析的学者相对比较少，原因主要与二者在此结构中的作用程度差异具有一定联系。但是，这并不是说可以忽视对程度副词的关注，反之，极易导致研究失衡的现象。

（一）绝对程度副词

此类副词体现了其表达的语义内涵、包含的特性等具体情况，在语言环境中很少有细致的对比，以展现其表述的绝对性。因为基本不包含清晰的对比，因此在应用过程中，绝对程度副词能够单独描述程度的大小的意思，不需要辅以对比，如特别、多、很、非常等。

1. 极度绝对程度副词

极度传递了极的意思，即在程度两级的表述中，程度副词的状态是无法比肩的、已经到达巅峰。从语义描述层面来看，强调研判某词语的特性情况及语义内涵的程度，也属于对极的一种刻画。与"程度副词+名词"这一结构中相符的程度副词大致包括：无比、太、绝对及极等。例如：

例（1）"该不是我有……同性恋倾向吧？"或者是好奇？因为他周遭的异性都太女人。[①]

例（2）亚瑟起身，踩着高雅的步伐替茱儿拉开椅子，极绅士地挽起她的手，缓慢地往外走去。

例（3）必须极其技巧地去俘虏他的心

例（4）有关法律对代表行使质询权的规定过于原则，不便操作……

例（5）绝对内涵的文章！一般人看不懂。

例（6）无比悲剧的周末又要来啦！！！

2. 深度绝对程度副词

在程度量级描述上，这种程度的副词要比上述第一种副词弱一些，展示的是进一步强化的态势。从语义上来看，深度绝对程度副词表达的词语形状程度、语义内涵相对强一些。在"程度副词+名词"这样的结构中，

---

①本节所举例句来源于曾宪朴：《"程度副词+名词"结构的汉英对比分析及对外汉语教学探索》，湖南大学，2021。

这种程度副词经常出现，其量级修饰幅度的差异较为明显，大致包括十分、特、很、多么、颇、相当、非常及多等。例如：

例（7）压惊的说法很传统也很中国，这是他渺小童年记忆的一部分。

例（8）郝先生多男人啊，知道朋友得癌症了，他都哭了！

例（9）我早就听说那儿挺火。我也一直想什么时候见见李玉安。

例（10）不过我觉得这样可以，慢慢地就会懂得照顾自己了！呵呵，这段我觉得特男人。

例（11）我好阿Q啊，本该如此美好的青春，何苦虚度？

例（12）江苏太仓例河及南京都有送灶、接灶习俗。

例（13）加油，够兄弟。不言谢了！期待相聚。

例（14）阿叔现场发飙！他怒吼的样子真爷们儿！果然是真性情！

例（15）他非常绅士地向绛纱道歉，而后站起身准备离席。

例（16）我们亲爱的社长换了发型，变得特别淑女，尽管她很不喜欢这个词。

例（17）老将十分绅士地朝她们举杯。

例（18）何其雄杰乃尔！可这样一位盖世奇才，人生道路却极为凄惨。

例（19）嘿嘿，大燕国当年慕容跳、慕容恪、慕容垂、慕容德何等英雄，却不料都变成了断种绝代的无后之人！

例（20）铁干，多么英雄的一个形象，可惜姓了花，一姓花，铁干就没有了。

例（21）2006年11月15日，兴奋剂检查人员按规定对各代表团田径队进行了"相当规模"的抽检。

3. 浅度绝对程度副词

在程度的修饰上，这种程度副词与以上两种程度副词相比，是最低的。尽管也是在阐述程度进一步强化的意思，但是浅度绝对程度副词量级强化幅度小一些，在研判词语的性状程度与意义内涵上也较弱，是次级的、程度不高的强化。在"程度副词+名词"这一结构中，这种程度副词大致包括不太、有点儿、有些等。例如：

例（22）换了个微博客户端，叫口袋微博，能看大图，能拍照片，还有收藏按钮，是有点儿土包子，……

例（23）2011 年 11 月 8 日的中午，生活显得有些悲剧……

例（24）《水云间》虽然是"不太神话"的，却也有它"神话"的地方。

（二）相对程度副词

这种程度副词主要强调了程度修饰的相对性。借助语义的对比，强调程度的级别与差距，由此展现其程度上的修饰情况及具体限度，比如越发、更、最及格外等。

1. 极度相对程度副词

在"程度副词+名词"这一结构中，表示极的概念的极度相对程度副词以"最"为主。该副词体现了程度描述的巅峰与定点，是级别最高的程度，也就是在一些对比对象中，位于极点处。在描述语义方面，借助对比，凸显了词语的性状与词语内涵，是程度修饰上的最高级别。例如：

例（25）她一直以为儿子是最绅士、最斯文的。（沈苇《阳光骑士》）

例（26）总体而言，《恶魔实验》最写实，《血肉之花》最怪奇，《他不会死》最恶搞，《恶魔女医生》最欢乐，《圣母机器人》最感人，《下水道美人鱼》最内涵。

2. 深度相对程度副词

在程度量级的描述上，这种副词强调了对比性的深度强化，与极度相对程度副词相比，其强化度要弱一些，距离"极"这一级别还有一定距离。在"程度副词+名词"结构中，这种程度副词大致包括：越发、更、更为及格外等。例如：

例（27）这是广州签唱吧，刀刀那晚格外气质啊，电得我头晕目眩的，记忆深刻。

例（28）见过菱子，凯文才发现，她和素施有些相类似的某种特质，只是菱子比她更女人些。

例（29）这意味着汽车搭配将变得更加个性，你的爱车也将光彩夺目！

例（30）（亲爱的妹妹）生日快乐！祝你学业进步！心想事成！越大越靓女喔！

例（31）允浩你越发小媳妇了！！！这两人气场简直是两极啊！！

3. 浅度相对程度副词

在具体描述中，这种程度副词显示的是程度较低的加强，这类词语的程度强化功能相对更弱一些。此外，在描述对比意义上，其展示的程度量级差异度较弱。这种程度副词大致包括：稍微与比较等。例如：

例（32）比较热点的问题可能要看 2 月份的经济形势，……

例（33）所以稍微奇葩一点是好事嘛，免得太容易被社会掰过来。

例（34）Burning-Maria Arredondo 的嗓子有些像流行天后 Mariah Carey，稍微男性一点点。

（三）小结

围绕程度副词的意思、程度量级的差异，来细"分程度副词+名词"结构中的副词，主要包括大类两种、小类六种。这样可以对该结构中的程度副词进行科学定位，并且对人们明确程度副词+名词也比较友好。

二、英语"程度副词+名词"结构中的程度副词

通过查找相关语料可以发现，与英语"程度副词+名词"相一致、能够展现程度意义的副词，大致包括 very、too 及 so。根据上文的分类方式来看，因为在语义上这三个词没有对比意义，不需要对比对象，所以这三个都在绝对程度副词大类之列。此外，依照三者程度量级描述与修饰的差异，还可以深入细分这些词，主要包括深度、极度这些小类。

（一）极度绝对程度副词

当 too 为程度副词时，其与汉语的"太"这一程度副词相似，在程度

量级的描述上与"极"差不多。所以，本节将其纳入极度绝对程度副词的范畴。其强调的是从程度上，直接表述名词的特性、内涵。例如：

例（35）Houston is too Yankee compared to Columbia.

例（36）I was raised by humans but I was too Klingon to be one of them.

例（37）Otherwise they can be too Richard Simmons.

（二）深度绝对程度副词

在程度量级的描述上，英语 very、so 要比极度绝对程度副词 too 弱一些，展示的是词语的性状及语义内涵，在程度上进一步强化，直接进行表述，没有进入"极"的级别。所以，本节认为其属于深度绝对程度副词的范畴。经过对比来看，二者在程度上的描述上没有显著差异，so 的程度比very 稍微高一些。例如：

例（38）And Mike Pence tonight is a Reaganot. Mike Pence is so Ronald Reagan.

例（39）This music is so Kenny G.

例（40）This is so Hamptons.

例（41）Their impeccable manners and social reserve is very southeast A-sia.

例（42）What they do is very Ben Franklin.

例（43）It's like the flame itself, which is very Kiwi——a symbol of that have-a-gomentality.

（三）小结

综上，在独特的划分方式的基础上，根据程度副词的程度量级差异、语义，初步划分符合"程度副词+名词"结构的副词。根据相关分析与统计来看，这种程度副词主要包括绝对程度副词大类中的两个小类。这表示在英语的"程度副词+名词"这一结构中，程度副词对描述对象的程度量级的表达，都是直接的，没有显著的对比，只是程度量级的大小不一样。

三、对比分析及小结

根据前文的分析与总结，从"程度副词+名词"中的程度副词这一层面来看，汉英中的程度副词具有不同点。

第一，数量上的差异。从这一角度来看，被纳入"程度副词+名词"中的汉语副词的数量，要比英语多出许多。

第二，分类存在一定差别。在统一划分方式的基础上进行分析，从被归入"程度副词+名词"中的副词的层面来看，汉语程度副词的种类很多，集中体现在两大类和六小类中。英语程度副词种类较少，只有绝对程度副词大类中的两小类。

根据以上内容可知，从汉语"程度副词+名词"这一结构来看，此类副词对描述对象在程度量级上的表达，不仅有直接性突出，还有比较性突出。而英语在这一结构中，其在程度量级上的修饰与表示，没有以对比意义为主的突出，只有直接性突出。根据二者在数量上的不同，进行分析，在"程度副词+名词"中，汉语程度副词的实用性更胜一筹。此外，在语言表达层面，汉语应用"程度副词+名词"结构的频次要远高于英语，并且还有非常突出的通用性。

第二节　汉英"程度副词+名词" 结构中的名词对比分析

以前的学者在分析"程度副词+名词"这一结构时，主要聚焦其中的名词，结构本体的达成和结构中名词基本语义具有紧密联系。这凸显了在该结构中名词的实际作用。"程度副词+名词"这一结构中的名词可以和程度副词融为一体，语义上的限制也比较突出，但是，不是每一个名词都可以划分至"程度副词+名词"中。所以，对该结构中的名词是否有明确、充分的理解，与人们了解该结构具有紧密关联。

一、汉语"程度副词+名词"结构中的名词

在探讨汉语"程度副词+名词"这一结构时，要清晰定义名词。该结构中的名词不是单独存在的，其存在于特定连续系统中。一部分名词有描述性语义特点，但是该特点没有形成单独的形容词义项，所以在这一结构中，其依旧是名词。汉语中有一些名形兼类词，一部分形式上的"程度副词+名词"结构其实已变成形容词加程度副词的结构。所以，笔者研究定义"程度副词+名词"里的词性，是围绕该名词在《现代汉语词典》（第7版）中是否有了单独的形容词义项来展开的，是否有向形容词转变的可能。针对这种可以作为形容词的名词，例如经典和科学等词，在研究"程度副词+名词"结构时，不再进行重点分析。在《现代汉语》（增订六版）中，黄伯荣等人细分了名词，认为名词包括如下类型：处所名词、专有名词、时间名词、方位名词及普通名词，着眼于比较全面的语义划分了汉语名词。所以，笔者借鉴《现代汉语》（增订六版）划分名词的结论，立足于符合"程度副词+名词"的名词，进行了初步研究。同时按照具体语料，全面划分了大类名词。

（一）专有名词

在探讨"程度副词+名词"时，纳入专有名词的情况较多。这种名词的特点比较鲜明，许多人都会将其纳入"程度副词+名词"中，以展现这种名词的特殊性状。在汉语中，被纳入该结构的专有名词，大致有人名、指人专有名词、地点专有名词及组织机构专有名词。

1. 人名

这一名词被纳入"程度副词+名词"之中的主要原因：是此人比较独特，并且其特质与人的形象有机融合，其在社会中具有突出的辨识度，只要提出来大家就能立即领会，如"很葛朗台"及"很雷锋"等。一提到这些人，大家都知道他们的特点，这些特质深入人心，非常有代表性，以至于其人名成了这些特征的代名词。例如：

例（1）"雷锋"：不求回报，乐于助人，愿意为他人服务。

例（2）"阿Q"：保守，愚昧无知，精神胜利。

例（3）"葛朗台"：守财奴，极端吝啬、小气鬼。

还有这样的情况，若谈话的人与周围的人都比较熟悉某类人物的一个关键特点，对该特点具有深刻的了解，那么在提到该人名时，不需要详细解释大家就能明白。这样的人名也符合"程度副词+名词"这样的结构。例如：

例（4）他这么点儿小事都要计较，太张三了。

这句话中的名字就是比较有代表性的，其锱铢必较的性格是谈话各方都非常了解的，在这样的形势下，该人名就符合"程度副词+名词"结构，可以纳入其中。但是这是暂时应用的情况，适用范围非常有限，所以在这里不再详细介绍，并且在研究英语名词时也是如此。

2. 指人专有名词

由于这类词语指代的对象拥有固化及特殊的一面，所以其也有可能被纳入"程度副词+名词"之中。

指人专有名词与人名不一样，其指代的是特定群体，而不是某个独立的人。此外其与常见名词中包含泛化指代特点的指人名词也存在一定差别，其有真实、深刻的意义，所以应把它纳入指人专有名词的范畴。

3. 地点专有名词

这类名词专门描述某个地区，所以与"程度副词+名词"相符，可以将其纳入该结构中。例如：

例（5）你就是现在这种打扮，很中国，很东方。

例（6）奏儿是个很东方的东方女孩，她的婉约就是她本身的气质。

这样的名词，不仅有十分鲜明的地域性，还有非常突出的公认性。所以，能够和程度副词融为一体，符合"程度副词+名词"这一结构。此外，还需了解到，在一定条件下地点专有名词也许会和处所名词重叠。例如，黄伯荣与廖序东在《现代汉语》中指出，亚洲、新疆等名词，不仅是处所名词，还是专有名词。但是因为这种词语指代的是特殊称谓，具有鲜明的固化、公认等特点，所以把它归入专有名词之中便于后续研究。同时，上述例子中的东方这一词语，由于其在例句中是特殊称谓，主要指代东亚国家，具有固化性特点，所以被纳入地点专有名词。从地域特性的覆盖范围来看，涉及面广泛，在应用过程中主要包含文化、外貌、地理、风俗、性格、人文及穿着等。

4. 组织机构名称

特定组织单位的名称，即组织机构名称，如果大部分人已经了解该名称，且该名称已经固化时，就符合"程度副词+名词"这一结构。例如：

例（7）这很广电，一年一度的严查又来了，又有视频应用要求下架。

国家广播电视总局，是广电的全称，指代的是专门的国家组织机构。在长期的发展中，因为其审查作品十分严格，大部分国民都知道该组织机构，所以一提到这个机构，大家脑海里浮现的是严格审查这一词语。广电由此被烙上了严格审查的印记，且该印记已经固化了。所以可以被纳入"程度副词+名词"中。

（二）普通名词

"程度副词+名词"中的普通名词，通常具有人们认知度高、固化的特点。在语料研究成果的基础上，与其他学者得出的结论与文献有机融合，进行探索、剖析，本小节围绕名词固化特点的表达对象，来细化普通名词，细分为指人名词、指物名词、抽象名词，然后再深入研究。

1. 指人名词

从字面意思来看，指代人的名词，即指人名词。该名词与专有名词不一样，其具有非常泛化性的意义，定指色彩不突出。当此类名词描述的对象呈现十分鲜明、固化的特点时，才会被归入"程度副词+名词"中。例如：

例（8）唐雅人很绅士地为她捡起书包和从中掉落地上的书本及录音带。

例（9）茉莉亚也跟着笑，不过她笑得很淑女、很动人。

例（10）大哥这造型真爷们儿！

在例（8）和例（9）中的"绅士"与"淑女"，属于"程度副词+名词"中典型的指人名词。很早之前这些名词就被纳入该结构中，被许多人应用，运用频次也较高，读者在文学作品中经常看到"非常淑女或者绅士"等描述。这样的表达和淑女或者绅士本身的语义具有紧密的联系。在具体的语言环境中，人们有一个共同的感受，就是这两个名词的指代性比较明显、具有固化的特点，与词语自身的语义相比，在一定程度上两者的表达性特征更突出一些，其是被纳入这一结构的首要条件。例（10）中的"爷们儿"一词，由于表述的是固化的、蕴含男性特色的特质，与"真"这个字组合，构建了"程度副词+名词"这一结构，旨在对前面的造型一词进行描述与渲染。

2. 指物名词

对物体进行指代的名词，即指物名词，不仅可以描述有形物体，也可以对无形物体进行指代。与上文的指人名词比较来看，这种名词没有较强的描述形状和特点等内容的能力。所以，符合"程度副词+名词"的指物名词不多，该结构对此类名词具有严格的限制。但是和上文第一个名词大致相同，当指物名词具有显著的表述性、固化性也非常突出时，才会被纳入这一结构中。例如：

例（11）她也笑，大眼睛闪闪的，脸颊上有漂亮的酒窝，很阳光。

例（12）天天非常感激这些帮助过她的人，她说他们是她"很铁的同盟军"。

例（13）索泓一带着一丝苦笑，"可是有一个问题，我不知该问不该问。""说。"士兵回答得很铁。

在例（11）中的"阳光"一词，自身包含温暖、明亮等意思。在长期的应用与演变中，人们拓展、延伸了该词的特点，慢慢地该词语具有正能量、活泼、有活力、乐观等表述性较显著的特点。并且这样的特质在不断固化，所以就有了"很阳光"这样的描述。

例（12）、例（13）中的"铁"，是指一种金属，由此延伸出了坚硬、坚固等特征。人们利用该字进行表达时，符合"程度副词+名词"这一结构，根据该字坚固的特点，对人们之间密切的关系进行描述，同时在长期的应用与演化中，还延伸出了干脆、刚硬等意思，这就是例（13）中使用的意思。从这里可以得出，在具体的语言环境中，某名词在这一结构展现的特点存在一定差别。在分析名词的特点时，要围绕具体的语境，进行细致、充分的探讨。

3. 抽象名词

抽象名词，是指表达抽象概念的名词，其一般不会指代大自然中的实体事物，这类名词的词义，主要是通过提炼、归纳描述情感和状态等层面内容获取的。所以，抽象名词的描述性非常突出，这也是其一个显著特点。在此基础上，尽管此类名词很少见，但是一些抽象名词也可以归入"程度副词+名词"之列，倾听者也会快速了解这类名词的主要特点。例如：

例（14）今年主流式宽松的毛衣，肩上还有铆钉装饰，很个性。

例（15）你不觉得她很悲剧。

例（16）玲珑发誓，她是很诚意地去向太福晋道歉，是太福晋恶意挑衅才又惹毛她的脾气，掀起两个女人间的激烈对战。

例（14）中的"个性"，原本指的是某人独特的印记与特点。但是"很个性"中的个性，其意思与其本义存在一定差别，主要表达的是该毛衣别具一格，特点鲜明，凸显了其独特的表述性特质。

例（15）中的"悲剧"，原本指的是非大团圆式的剧本作品，后来被延伸为悲惨、痛苦、不好的事。"很悲剧"中的悲剧一词，其意思主要体现了指称意思的结果差强人意、过程凄苦悲凉等修饰性的特点。例（16）中的"很诚意"中的诚意一词，指的也不是该词语的本义，主要展现了真诚、值得信赖的表达特点。

（三）时间名词

汉语也会把时间名词和程度副词组合在一起。这种名词在此结构中，展现了其对时间进行修饰、表达特点。例如：

例（17）杨素真是个很现代、很可爱的妈妈，她代表了进步时代的中老年女性形象，但是她对孩子就像老母鸡对小鸡一样地呵护，为孩子操碎了心，为孩子的幸福什么都肯做，什么都愿付出。

从词义来看，"现代"一词在《现代汉语词典》（第7版）的意思是："现企这个时代，在我国历史行期上，多指五四运动到现在的时期，合乎现代潮流的，时尚。"在例（17）中，"很现代"中的现代，显然表达的不是本义，而是以现代的时间范围为基础，由此呈现的特定风格，主要指的是包含潮流性的、凸显时代风格的、时尚等描述性特质。

（四）处所名词

此类名词主要指的是描述地域范围、表示地点的名词，这类名词的地域特点非常突出，并且该特点被许多人知晓，其认知度较高，当大部分人都了解该特点时，就符合"程度副词+名词"对名词的要求，可以被纳入其中。例如：

例（18）外表很城市，性格却很乡村。

众所周知，城市指代的地区与乡村存在一定的差别。在例（18）中，这两个词的意思却发生了变化，主要描述的是在地域基础上形成的特点。根据该句子的语境进行分析，发现"很城市"的意思是人物的外表与长期生活在城市的人非常相像，"很乡村"表达的意思是人物性格与长期生活在农村的人相似，这样的"程度副词+处所名词"结构，描述了以地域特征为主的人文风格，表述性比较突出。同时该例句也生动呈现了两组鲜明的对比，即外表与性格、城市与农村，充分展现了人物的特点。

从整体上看，在"程度副词+名词"这一结构中，较之普通名词、专有名词，处所名词和时间名词要求听者进行深入剖析与思考。普通名词及专有名词包含了阐述性的特点出处，主要是其自身描述内容的基本特点，是能够及时分辨与理解的内容，指代性比较明显。处所名词与时间名词展现的修饰性特点，主要是从对应的空间及时间概念出发而言的，有相应的泛化性。所以介绍的对象不一样,其特点概念也有一定区别。此外,因为每人对地区特征、时代特点的理解不一样,所以在了解空间概念、时间概念这两个表述性特点时,应根据语言环境进行细致、深入分析。

(五)小结

根据前文的分析发现,不考虑方位名词,其他名词都有被纳入"程度副词+名词"的可能性,这集中展现了汉语名词的活力与语义的全面性,还充分阐明了在这一结构中,全面、充分探讨名词的主要原因。并且从名词层面来看,被纳入"程度副词+名词"结构的前提与基础,是名词要有认知度高、固化的表达性特点。如果只有清晰的指称义,没有固化的表述性特点,或者知晓其特点的人相对比较少,那么该名词就不能被纳入这一结构中。例如,人们通常形容某人"很绅士",但不会用"很人"来形容某个人,原因是"人"没有公认度高、固化的表达性特点。同样,在形容朋友之间的关系时,可以使用"很铁"这一词,但不能用"很柜子"来描述。所以要正确、充分理解该结构中的名词,这有利于人们科学、客观了解此结构。

二、英语"程度副词+名词"结构中的名词

在分析、探讨英语的"程度副词+名词"时,也会以名词为基础进行剖析。从名词语义出发来研究,通常把其划分成普通名词、专有名词,再进行深入分析。由此可见,汉语与英语在划分名词上,在语义这一层面比较类似。所以此次在汉语名词细分的基础上,通过相同的划分方式,围绕英语名词展开比较研究。

在语料上,被纳入英语"程度副词+名词"中的名词,主要包括专有名词、普通名词及时间名词这三类。

(一)专有名词

在这一结构中,符合条件的英语专有名词很多。这一结构主要通过专有名词蕴含的主要特点,来形容某对象,被纳入这一结构的英语专有名

词，可分为人名、指人专有名词及地点专有名词。

1. 人名

同理，英语的人名形容的人物比较特殊，且很多人都了解该特征，这一特点与该人物的形象融为一体。让该人名具有表述性的突出特质，由此构建了固化的特征，所以其与英语这一结构相匹配。例如：

例（19）Mike Pence is so Ronald Reagan.

例（20）Well，because what you said is very Springer，what I said is very Oprah.

例（21）One other note，does anybody think the chorus with its pretty ascendingscale is very Elvis Costello?

例（19）中的"Ronald Reagan"是大名鼎鼎的美国前总统里根，这位总统的政治风格比较独特，与 so 组合在一起，构建了"so Ronald Reagan"这一结构，其有了新的意义，强调了政治风格别具一格的表达性特点，旨在形容美国一位副总统，其政治风格与前总统里根具有相同点。例（20）中，"Springer"，"Oprah"，指两位大家比较熟知的主持人，这两位主持人的语言风格鲜明，主持获得了许多粉丝的追捧。与"very"组合在一起使用，展现了语言风格的特点，可以在形容"what you said"时应用，可以全面体现这些主持人的特点。例（21）中的"Elvis Costello"是一位歌手，该歌手的音乐比较独特，"very Elvis Costello"这一结构展现了该音乐特点别具一格的表达性特点，这句话的意思是"chorus"的音乐特点和这位歌手相差无几。从这些例句可以看出，英语人名表述性特点的内涵是非常全面、清晰、具体的。

2. 指人专有名词

从英语层面来看，这一名词指代的内容有形容、表达性的特点，这种特点与语言的应用发展息息相关，让其指代的对象形象趋于稳定、固化，被许多人所了解。所以能够和程度副词组合在一起。例如：

例（22）Charles de Lint. If you've read any of his books，you would know that Mr. de Lint is very Zen.

例（23）Houston is too Yankee compared to Columbia. It's too diverse.

在例（22）中的"Zen"原本是指宗教信徒，是对特定人群的特定称谓，所以在英语语句中首字母为大写。该名词形容的对象包含禅意的表达性特点，所以可以和"very"相配，形成"very Zen"，旨在形容某个人的禅意较强。"Yankee"本身指的是美国南方人指代称呼北方人所用的词。由此该名词就包含了显著的地域特色，具有相应人文描述性特点，可以将其视作具有北方特色的对象。例（23）中的"too Yankee"，旨在形容北方特色更浓郁的特征，并且与另一个地区对比，从而强调"Houston"具有鲜明的北方特色。

3. 地点专有名词

英语的地点专有名词，主要是描述某个地区、指代某地点，由于其有了具有描述性作用的地域性特点，所以可以被纳入"程度副词+名词"之中。例如：

例（24）Their impeccable manners and social reserve is very Southeast Asia.

例（25）The atmosphere is very Las Vegas，with ubiquitous T-shirt shops（12for ＄10！），buffet-style restaurants，and pawn shops.

在例（24）与例（25）中，不论是"Southeast Asia"，还是"Las Vegas"，从地域的视角来看，其地域特点十分突出，同时该特点有描述性作用，具有固化的特点，让该名词打上了地域性特征的烙印，且得到了大部分民众的认同，被许多人使用。所以可以与"very"组合在一起，形成"very Southeast Asia"，以及"very Las Vegas"。其中，前者这一结构中的"Southeast Asia"从人文视角呈现了特定的描述性特点，意思是具有浓郁的社交礼仪的东南亚风格；后者中的"Las Vegas"描述的大多是社会生活的特点以及地域特色，是指这个地区的环境、特色与拉斯维加斯极为相似。

（二）普通名词

在"程度副词+名词"这样的结构中，英语普通名词的涉及面也比较宽，被用于各个层面。通常情况下，当名词本身的一个特点能够发挥描述性作用，呈现固化的特点，可以与描述的对象特点完美融合在一起，并被大部分人所了解时，其才被频繁应用，才拥有一定的可行性。根据指代对象的差异，被纳入该结构中的普通名词，主要有指人名词、指物名词。

1. 指人名词

此类名词大致和汉语一样，英语中的指人名词只有具备固化的特点、能够体现指代对象的鲜明特点、社会认知度高，才会被归入"程度副词+名词"中，这是英语指人名词要具备的首个条件。例如：

例（26）That guy is so moron!

例（27）I come from a Cuban family. My father is very machismo.

例（26）中的"moron"，其原本的意思是傻瓜，在该句子中应用，是形容一个人物"很傻"。例（27）中的"machismo"，本身的意思是男子气概，在这个句子中，"machismo"可以理解为：从父亲身上，看到了传统男人的鲜明特点。根据两个词语的指称义进行分析得出，这二者的描述性特点很显著。其中，前者"moron"具有愚蠢这样的表述性特点，后者的描述性特点主要为勇敢无畏、具有男子汉气度等男性特质。提到的这些特点是此类名词指称义不可忽视的构成之一，同时还是其被归入"程度副词+名词"的前提与基础。

2. 指物名词

在英语中，这类名词要具有固化的特点、社会认知度高、能够描述指代对象的基本特点，才能被归入这一结构之中，这与上述第一个名词大致相同。但是与上述第一个指人名词比较来看，这一结构在应用指物名词时，主要借助比喻的方式来展开。所以在了解、掌握名词包含的描述性特点时，要求倾听者加以适当的拓展、延伸，以总结、归纳出相关特质。例如：

例（28）And I do not mind their anger, see a selection window bamboo cores hatred and fear stuck white woman and tender face of this plot is too cliche!

例（29）Maybe your Harvard degree is too ivory tower for our purposes.

例（28）中的"cliche"，本义是陈词滥调，指过多应用短语与观点，导致这些观点、内容变得枯燥、无意义，在该句中指的是形容上文的一些内容"非常俗套"。显然，大家通过"too cliche"这一结构，总结归纳的该词语"烂俗"等描述性特点，主要是通过频繁、多次应用短语与内容，导致其单调、无意义的特点拓展延伸获取到的。例（29）中的"ivory tower"，原本指象牙塔，意思是与实际生活相差甚远的地方，其拥有了与实际生活相背离的描述性特点。例（29）中，"too ivory tower"旨在描述很难完成一个任务，倾听者基于此获取的主要特质是：在词语基本特点的基础上发展所得的不可能、脱离真实世界等。

（三）时间名词

英语中的这类名词，由于带有时间概念的意思，包含描述时间特点的一些特点，所以可以被纳入这一结构中。还要注意到"last year"这种表示某时间概念的称谓，此类词语中的两个词不能分开，其属于时间名词。例如：

例（30）Austerity, in case you haven't noticed, is so last year.

例（31）That is so freshman year!

例（30）中的"last year"原本是指对以往某个时间段概念的范围性描述，其蕴含时间上依然成为过往的特点。随后人们拓展了该特质，让其具有了过时的这一特点，所以其可以与so相配，构建"so last year"这一结构，用来描述"Austerity"是落后、过时的思想。例（31）中，"freshman year"指的也是时间范围的称谓，意思是大一学年。根据名词的指称概念，其从学习气氛和生活情况等层面，能够形容对象的时间性特点。该特点是其是否符合这一结构的首要条件，如果符合可以被纳入该结构，由此构建"so freshman year"这样的结构。

（四）小结

根据前文的分析可知，不论是英语的时间名词、英语专有名词，还是英语普通名词等都可以被纳入"程度副词+名词"之中，并具有各种类型。此外，通过分析与思考，英语名词拥有被纳入该结构的条件，只要与相关条件、标准相符，就能够被归入这一结构。第一，具有语义基础，当名词的一个特点的表述性非常显著、具有程度的规约性，其才可以和程度副词组合在一起。第二，这种特点要被大部分民众了解、认同，且是固化状态。这是该词被纳入这一结构的主要条件。当这种特点处于稳定的固化态势、人们对此有突出的认知度，很多人都知晓该特点时，才能确保该名词体现的特点不会被任何人误解，这样讲话者与倾听者才能顺利表情达意，准确传递信息。

三、对比分析及小结

通过上文的阐述与研究得出，我们在明确的名词划分的基础上，综合比较分析那些被归入"程度副词+名词"中的汉英名词。从整体层面看，二者不仅有差异，还存在共同点，具体如下。

（一）相同之处

第一，汉英名词的共性为这一结构中的普通名词、专有名词的数量比较多。其中，专有名词，由于其具有独特的指称，在语义中其描述性特点非常明显，同时该特点为固化状态、大部分人都了解它认识它。所以将此类名词归到这一结构中，对于汉语和英语而言，是常见的现象，数量多、具有独特性。同样的，在汉语和英语中，因为普通名词里的指物名词等名词，极易在指称意义的基础上形成独特的表述性特点，所以得到了越来越多人的认同，因此其与"程度副词+名词"的结构相符，可以被归入其中。

第二，具有认知度高、固化这样的特点，其特点还要具备程度上的规约性，这样才与这一结构相符，这是二者的相同之处。不论是汉语名词，还是英语名词，均具备了一定的表述性特点，有程度上的可形容性，许多民众都了解该特征，且已经呈现固化的态势，才能被纳入"程度副词+名词"之列。由此可见，从汉英这两种语言的角度看，包含描述性特点的名词，都有进入这一结构的可能性。这种突出、别具一格的描述性特点，是汉语名词与英语名词被纳入这一结构的基本条件，其作用相当于通行证。

（二）不同之处

从总体情况看，在可以被纳入这一结构的名词中，汉语名词的类型要比英语多一些。通过分析一些语料发现，英语中的处所名词、组织机构名词及抽象名词，大部分都与该结构不符，所以该结构中的名词不包含上述三类名词。根据这种现象进行推导，原因也许是和英语名词特点的具体状况息息相关。英语组织机构名词，还没有引申出与广电（形容严格审查）相似的社会认知度高、固化的表述性特点，所以其没有和程度副词组合应用的现象。在汉语中，抽象名词有可能被纳入"程度副词+名词"这一结构中，原因是通过抽象名词，该结构体现的是有特殊意义的表述性内容。但是，通常英语的抽象名词，均有自己的修饰词与描述语，如 beauty 与 beautiful，anger 与 angry 以及 individuality 与 individual 等。所以这种语言抽象性的表述，主要借助有抽象概念的修饰语来展开。在形容处所等空间概念的特点时，英语不仅能应用地点专有名词，还能借助有关的修饰语来描述特定的概念。所以，英语这一结构中的处所名词非常少。比如，汉语可以利用"很城市"这样的描述，来形容对象的城市化特征。英语中与此相似的 country 等处所名词，本来就有描述性的词义，可以当作形容词来应用。所以，当其和程度副词组合在一起，描述地域概念的时候，其就不能进入这一结构了。同样的，在形容一个对象具有明显的城市特点时，英语也许会采用描述特定概念的形容词，如 urban；或者采用某一线城市名称来描述，如 very Los Angeles 等。

第三节　汉英"程度副词+名词"结构的否定形式对比分析

一、汉语"程度副词+名词"结构的否定形式

（一）句式上的否定

在汉语中，"程度副词+名词"是一个完整的结构，属于特定的整体，

具有突出的凝固性。所以在否定该结构时，可以围绕句式，来否定整个句子。例如：

例（1）他是个很绅士的人。（肯）

例（2）他不是个很绅士的人。（否）

例（3）她一直以为儿子是最绅士、最斯文的。（肯）

例（4）她一直以为儿子不是最绅士、最斯文的。（否）

例（2）与例（4）中的"不"，是在整个句子的基础上进行的否定，由此可以否定该结构表述的意义。

（二）独特的否定式"程度副词+不+名词"

通过分析一系列语料得出，汉语也有程度副词+不+名词这样与众不同的否定式，从语义层面来看，可以直接否定"程度副词+名词"。举例说明，如"很不+名词"等。

但是上述否定结构的特征也比较突出。现在，把这一结构作为否定"程度副词+名词"的方式，可以为其结构分析提供有效助力，要从总体进行研究。例如：

例（5）他今天表现得真男人。

例（6）他今天表现得真不男人。

通过这两个例子可以看到，两者意思完全相反，与"真男人"比较来看，例（6）中的"真不男人"表达了显著的否定之情。同时这二者的结构是十分稳定的，它们的语用作用与句法成分一致。由此可见，"程度副词+名词"的独特否定式，就是"程度副词+不+名词"。

可能有人会疑心，说在这两个结构中，不同主体间的联系存在一定差别。

在"程度副词+名词"中，前者程度副词和后者具有十分明显的关联。在"程度副词+不+名词"中，一些人表示，和后者名词具有显著关联的是"不"，不只有程度副词，该副词只是对"不+名词"进行充分描述与强化。比如，真不男人。这些人指出，当"不"和名词"男人"产生直接联系后，"真"才进行了强化描述，其主要从程度上刻画、形容"不男人"，让程度进一步强化。换言之就是这些人觉得该结构具有"真（不男人）"这样的联系。

但是笔者认为，这些还无法充分阐释"程度副词+不+名词"不可用作独特否定式的原因。根据以上观点，倘若程度副词是进一步强化"不+名词"这一结构的程度，那么在具体的语境中，该结构可以独自存在。但是经过研究得出，尽管"不"和名词能够配合起来使用，但条件很严格，有相应的限制。通常只在少量独特的结构式中会见到"不"和名词的组合，如"N不N（男不男，女不女）""不N不N1（不男不女）""管他N不N（管他经理不经理）""什么N不N（什么领导不领导）"等。一般情况下，"不+名词"是不能独自存在的，在具体语境中应用时，很多人都不认可"不绅士"、不中国等搭配组合。然而，在"这个人的言行很不绅士""尽管她是中国人，但是她的长相很不中国"这些句子中，大部分人又能明白说话者的意思，又能认同这样的搭配方式。

综上，在"程度副词+不+名词"中，程度副词除了对后面两者进行了充分描述，还为"不+名词"实现语用功能、程度的加深提供了有效支撑。所以，在这里，"程度副词+不+名词"就属于固化的、特殊的否定式。

二、英语"程度副词+名词"结构的否定形式

根据研究分析一部分语料得出，在英语这一语言中，肯定句中的"程度副词+名词"相对多一些，而否定句中的这一结构较少，要否定该结构语义，需基于整个句子，来否定整体句式。例如：

例（7）Well, maybe my voice is not very man——maybe my voice is not low enough.

在这个句子中，"is"后面是"not"这一否定词，其对整体句式进行了否定，在否定"very man"语义时，是基于整个句子来展开的。所以，与汉语比较来看，英语这一结构具有较显著的凝固性。其与汉语这一结构不一样，汉语可以将"不"放在结构内部，由此构建一个独特的否定式，

以否定语义。

三、对比分析及小结

通过前文的分析发现，汉英在否定"程度副词+名词"层面，存在相应差别。

其中，汉语的这一结构有两类否定式，不仅可以将否定词直接放在句中，以否定整个句子，还能把否定词置于结构内，以构建"程度副词+不+名词"这一独特的形式。同时，该结构形成的否定义，有拓展延伸的效果，先以结构为立足点，再向整体句式拓展。换句话说，该否定式要从结构内开始否定，当结构形成否定的意思后，再向整体拓展延伸，从而对整体句式进行强烈否定。在英语中，"程度副词+名词"只有句式的否定，像汉语那样别具一格的独特否定不存在。所以，在英语中，"程度副词+名词"结构的否定形式，就好比从远到近的循序渐进的过程。

第五章　汉英"程度副词+名词"结构的动态对比分析

第一节　汉英"程度副词+名词"结构的语义基础及实现过程对比分析

一、汉语"程度副词+名词"结构的语义基础及实现过程

（一）汉语"汉语程度副词+名词"结构的语义基础

在现代汉语中，"程度副词+名词"结构是一种违反传统语法规则却广泛使用的语言现象。尽管传统语法认为副词主要用于修饰形容词、动词或其他副词，表示程度或状态，但现代汉语中，程度副词与名词的结合却成为一种常见的表达方式。这种结构的流行不仅反映了语言的灵活性和创新性，还蕴含着丰富的语义基础。传统语法认为，副词不能直接修饰名词，因为名词主要用来指称具体或抽象的事物，而副词则用于描述这些事物的状态或程度。然而，在现代汉语中，"程度副词+名词"结构却得到了广泛应用，如"很男人""非常青春"等。这种用法不仅出现在口语中，也频繁出现在网络、报纸、书刊等书面语体中。

能够进入"程度副词+名词"结构的名词通常具有语义内涵丰富的特点。这些名词不仅包含基本的概念意义，还附带丰富的附加意义，如感情色彩、形象特征等。例如，"青春"一词，在基本意义上是指人生的一个阶段，但在"很青春"这一结构中，它更多地传达了朝气、年轻、积极向

上的附加意义。

在"程度副词+名词"结构中，名词的感情色彩往往会发生转变。原本中性或带有特定感情色彩的名词，在程度副词的修饰下，其感情色彩可能得到加强或变化。例如，"很流氓"中的"流氓"一词，原本带有贬义，但在这种结构中，其贬义可能得到进一步强化，或者在某些语境下也可能带有一种调侃或反讽的意味。能够进入该结构的名词往往具有为人熟知的特征。这些特征通常是社会普遍认可的，能够引起人们的共鸣和联想。例如，"绅士"一词，很容易让人联想到文雅、有礼貌、有风度等特征。在"很绅士"这一结构中，这些特征被进一步强化，使得表达更加生动和形象。

名词的存储信息量也对其能否进入"程度副词+名词"结构产生影响。抽象名词由于附加了较多的性质意义，更容易与程度副词结合。例如，"很哲理"中的"哲理"一词，由于包含了丰富的思想和内涵，因此能够与程度副词结合，表达更为复杂的情感和意义。

"程度副词+名词"结构的产生和发展还与社会文化背景密切相关。在特定的文化背景下，人们为了表达更为强烈或独特的情感，会采用这种突破传统语法规则的表达方式。同时，这种结构也反映了语言的动态性和适应性，是语言发展过程中的一种自然现象。

（二）"程度副词+名词"结构的实现过程

因为这一结构的凝固性比较明显，其形成此结构义：根据某对象，对名词的一些语义特征展开程度方面的形容与修饰。而该结构义和结构原本方式，不能借助内部的主体来获取。所以笔者认为，只把结构内部的名词、程度副词当作单独的一个部分来探索、分析还不够，还需把该结构作为特定的整体，对其具体功能进行探讨。可见，通过构式语法理论来分析、钻研这一结构，比较有效。

围绕构式语法相关理论可知，名词可以和程度副词组合在一起应用，除了与名词的特征、原意有关系，主要是借助结构整体的加持，才能在

"程度副词+名词"中应用,该加持即"压制"。

从"程度副词+名词"的压制视角出发,进行探索,孙娟等人都对此进行了研究与分析。王寅主要从整体层面进行探索,着眼于构式角度来分析这一构造,还介绍了构式压制。孙娟主要围绕较为微观的"很+名词"的结构,聚焦词汇压制这一层面,详细分析了其语义及句法。尽管这些研究者研究的核心与分析的视角存在一定的差异,但通过这些人的探讨与阐述,可以得到明确清晰的基本观点,也就是说,原本不能通过副词形容的名词,被纳入结构的原因可能是:结构里的副词可以充分压制后面的名词,该副词的作用非常明显。笔者也认同该基本观点。但是通过深入分析与研究得出,他们在解释结构内不同主体的改变情况与最终结果时,比较模糊,解说也不够详细充分。所以针对该现象,本节从构式压制出发,全方位阐述名词在这一结构内部的波动情况,介绍了不同压制主体发挥的影响与作用。此外,还特别确立了"特征留存"观点,让构式压制更完善、具体。例如:

例(1)他非常绅士地为女士打开车门。

通过该句子可以看到,"非常绅士"形容的是他,主要作用是对"打开车门"展开进一步修饰与刻画。而"举止得体、彬彬有礼"是绅士一词在该例句中留存的语义特征,该名词的初始意思及包含外表等层面的描述性特征则被自动过滤了,这就是上文提及的"特征留存"。最终能够留存下名词的这些描述性语义特征,主要与语境压制、词汇及构式压制的共同作用具有一定关系,同时这些压制在发挥作用时,会根据相应的顺序来展开。

在发挥压制作用时,词汇压制是第一步。程度副词主要是从程度上进行描述与形容,这是其重要功能,所以其要和能够被形容、描述的对象组合在一起。名词原本指代的是特定的对象,强调了其初始的指称义,无法和程度副词直接组合。所以,在这一结构中,名词先被程度副词压制,突出了其能够在程度上进行规约与形容的描述性特征。此特点,不仅可以被视作以其本身为主的引申式特征及直陈式描述性语义特征,还可能是被人强制赋予附加式描述性特征。因为"程度副词+名词"的结构义主要是:

根据某个对象，从程度上形容、修饰名词的表述性语义特征，所以在这样的构式压制下，名词没有了原本的指称意义，只留下了被强调的描述性特质。名词丧失指称义，是构式整体压制的结果，程度副词的压制则不能发挥该作用。

然而，因为某名词的描述性特征比较多、十分丰富，在具体语境中，这些描述性语义特征又不可能都在需求的范围内。所以，最终在具体语境的作用与压制下，名词的无意义的表述性特征就自动失去了，只保留了合理的、有意义的描述性特征，这样就形成"特征留存"。

具体过程如下。

①原始情况：

名词［+指称义，±描述性语义特征］

↓

②词汇压制：

名词［+指称义，+描述性语义特征（凸显）］

↓

③构式压制：

名词［—指称义，+描述性语义特征（凸显）］

↓

④语境压制：特征留存。

名词［—指称义，—无效描述性语义特征，+有效描述性语义特征（凸显+留存）］

以例（1）中的"绅士"为例。"绅士"在结构中，共经历了如下过程：

①原始情况：

绅士［+男士，+心地善良，+举止优雅，+衣冠得体，+谈吐高雅，+彬彬有礼］

②词汇压制：

绅士［+男士，+心地善良（凸显），+举止优雅（凸显），+衣冠得体

（凸显），+谈吐高雅（凸显），+彬彬有礼（凸显）]

③构式压制：

绅士 [—男士，+心地善良（凸显），+举止优雅（凸显），+衣冠得体（凸显），+谈吐高雅（凸显），+彬彬有礼（凸显）]

④语境压制：特征留存。

绅士 [—男士，—心地善良，—衣冠得体，—谈吐高雅，+举止优雅（凸显+留存）+彬彬有礼（凸显+留存）]

又以例（8）中的"狗血"为例。"狗血"在结构中，共经历了如下过程：

①原始情况：

狗血 [+血液，+属于狗的]

②词汇压制：

狗血 [+血液，+属于狗的，+俗套（凸显），+拙劣（凸显）]

③构式压制：

狗血 [—血液，—属于狗的，+俗套（凸显），+拙劣（凸显）]

④语境压制：特征留存

绅士 [—血液，—属于狗的，+俗套（凸显+留存），+拙劣（凸显+留存）]

二、英语"程度副词+名词"结构的语义基础及实现过程

（一）英语"程度副词+名词"结构的语义基础

通过上文的阐述与介绍，笔者发现，那些被纳入这一结构的英语名词，要符合如下标准才可以进入该结构：首先，名词具备的特征要有非常显著的表述性，可以从程度上进行形容与规划。其次，这种特征得到了社会大部分民众的认同，并且是固化的态势。由此可见，英语和中文差不多，名词要想被归入"程度副词+名词"中，要包含能够量化、形容的表述性特质。从这里可以得出，在英语中，该结构的语义首要条件，是名词

蕴含相应的表述性语义特点，让其能够和程度副词组合在一起应用。

但是从汉语层面进行分析，发现英语名词语义不够灵活，较之汉语，弱了一些。此外，对一部分语料进行研究探讨得出，英语名词的描述性特点来源相对少一些，没有汉语这么多。英语名词包含的表述性特点，大致是以名词为核心的一系列特点。所以，在信息传递模式及以特征为核心的来源不一样的基础上，本节划分了英语名词的描述性特征。通过细致划分与研讨，英语名词的这些特征，主要类型有：直陈式描述性语义特征、引申式描述性语义特征。

1. 直陈式描述性语义特征

在"程度副词+名词"结构中，英语名词直陈式描述性语义特征最丰富。这意味着英语名词的语义特征具有突出的集中性及凝固性，英语名词这一特征的发散性不强。讲话者要表述的描述性内容，大多是在名词特征和词义的基础上，直接形容、表述指代的对象。例如：

例（2）That guy is so moron！

moron：傻瓜→［+傻，+愚蠢］

例（3）There is a healthy debate in this country about whether our judiciary andparticularly our federal judiciary is too activist，that is，it is making laws，rather than applying laws.（SPOK：PBS NEWSHOUR 6：00 PM EST，2017．02．09）

activist：激进分子→［+激进的］

例（2）中的"moron"，其描述性语义特征主要有：傻、愚蠢；例（3）中的"activist"，其描述性特征包括激进的等，这些都在名词自身的特点范围内，主要通过其自身初始的词义进行呈现，直接修饰、形容指代的内容，就是很有代表性的直陈式语义特征。

2. 引申式描述性语义特征

英语名词的引申式语义不多，这和被归入至"程度副词+名词"的名词种类具有紧密关系。在上文出现的一些名词中，如时间名词、专有名词及普通指人名词等，这些名词的特点都是从其本身而来，借助拓展延伸来凸显其描述性语义特征的名词，比较少。通常情况下，要借助拓展延伸这样的方法来展现描述性语义特征的，只有少量的指物名词才可以。例如：

例（4）It is very cliche but it was one of those games，very disappointing.

cliche：陈词滥调［+使用过度，+毫无意义］——［+情节老套，+烂俗］

例（5）It's Rum Runner night at Club Oro...... You don't think this is too Magnum？

magnum：大酒瓶［+可盛的酒多］——［+饮酒过多，+饮酒过量］

在这些句子中，名词最终展现的特点和其本身特点具有密切联系，但其引申式特征，都来源于这些词语的基本原始特征。例（4）中的"cliche"，原本指的是陈词滥调，即被过度应用的观点与内容，基本特征有：使用过度、毫无意义等，对游戏内容进行描述的时候，这些特征不利于大家理解，极易出现误解。所以要借助拓展与延伸等方式，引申出俗套、陈旧、老套等语义特征，可以对指代对象进行合理准确描述。例（5）中的"magnum"。原本是指容量较大的酒瓶，在上述语境中，"too Magnum"中的"Magnum"，主要描述了指代对象的一些特征，如喝了许多酒、饮酒太多等。这都来源于名词原本的描述性特征，是从其最初始的特征变换、演化而成的。

（二）英语"程度副词+名词"结构的实现过程

通过研究一些重要的语料得出，在英语中，构建"程度副词+名词"这一结构，主要与压制作用息息相关，凸显了压制的效应，并且还与语境、词汇、构式的共同压制具有密切关联。在这三者的共同压制下，英语名词也能进行特征留存。英语实现"程度副词+名词"的过程，大致和汉语相同，并且两者的压制程序也相差无几，具有许多共同点。

不论是英语的程度副词，还是汉语的程度副词，其功能均是从程度上展开量化形容与修饰。所以程度副词的组合对象也要有能够从程度上进行形容与修饰的内容，而且这些内容应当是主体。其次，英语名词要想被纳入"程度副词+名词"中，先要被程度副词压制，让其内部能够充分展现程度上的表述性特点。英语的这一结构，也具备一定的结构义，就是将名词呈现的表述性特点作为对象，然后进一步修饰指代的内容。从这里可以看出，在这一结构的压制下，英语名词丧失了其最初的指称意义，只留下了被强调的表述性特点。最后，在语境的作用与压制下，名词全面重组了一些描述性语义特征，将没有意义的、不合适的语义特征清理出去，只留下贴切的、适宜的语义特征。具体过程如下。

①原始情况：

名词［+指称义，+描述性语义特征］

↓

②词汇压制：

名词［+指称义，+描述性语义特征（凸显）］

↓

③构式压制：

名词［—指称义，+描述性语义特征（凸显）］

↓

④语境压制：特征留存。

名词［—指称义，—无效描述性语义特征，+有效描述性语义特征（凸显+留存）］

例如：

例（6）Houston is too Yankee compared to Columbia.

以例（6）中的"Yankee"在结构中，共经历了如下过程：

①原始情况：

Yankee［+人，+出生或住在美国北方的，+有美国北方特点的］

②词汇压制：

Yankee［+人，+出生或住在美国北方的（凸显），+有美国北方特点的（凸显）］

③构式压制：

Yankee［—人，+出生或住在美国北方的（凸显），+有美国北方特点的（凸显）］

④语境压制：特征留存。

Yankee［—人，−出生或住在美国北方的，+有美国北方特点的（凸显+留存）］

三、对比分析及小结

根据前文的分析与阐述可知，汉英的"程度副词+名词"在构建该结构的过程与语义基础上，不仅存在共同点，还存在一些差别。

（一）相同之处

第一，在"程度副词+名词"这一结构中，汉语的语义基础与英语相差无几，有一些共同点。二者都具有包含一定效应的语义基础，即结构中的名词拥有相应的表述性特质，能够从程度上进行量化形容与描述。所以可以和程度副词组合在一起，从结构里展现这种特质，由此完成这一结构的具体描述任务。

第二，不论是英语，还是汉语，其构建"程度副词+名词"的过程非常相似，均是语境、词汇压制及构式共同压制的产物。汉语和英语在构建这一结构的过程中，首先是接受词汇压制，汉英名词被带入该结构时，先要被程度副词压制，让其能够突出从程度上加以形容的描述性特质。其次是集中到达构式压制这一环节，汉英"程度副词+名词"均包含自己的结构义，都是进一步修饰、形容指代对象的特定层面。所以，通过结构的持续、全面压制，汉英名词丧失了最初始的指称意义，只留下了被强调的描述性语义特质。最后是通过语境的压制作用，汉英名词清理掉了那些不合适、无意义的语义特征，留下了有用的、合理的语义特征，由此为"程度副词+名词"的构建夯实了根基。

第三，两者"程度副词+名词"结构的研究与明确，还要依赖语境的加持，从而对名词保留的表述性语义特质进行明晰。

（二）不同之处

第一，汉英的"程度副词+名词"，其中的名词表述性特质来源存在一定差别。对比分析这两者，来源比较多的是汉语名词描述性语义特征，并且种类也相对比较多。这类语义特征不仅涉及来源于名词本身特征的直陈式语义特征，如绅士（+风度翩翩、进退有度）、淑女（+有好的涵养、温婉贤淑、优雅大方）；还涉及通过名词基本特征拓展延伸出来的引申式特征，如铁（+干脆、坚硬、不容易变形）、阳光（+温暖、乐观与俊朗等）；还包括被人们强加上的附加式特质，例如狗血（+拙劣、老套等）、菜（+实力弱、没本事、能力欠佳）等。与汉语名词的描述性特征的种类相比，英语名词的这一特征类别不多，并且英语名词中的引申式、直陈式表述性特质，都与名词自身最初始的特征具有非常紧密的关系。例如，magnum（+饮酒太多、喝了许多酒）、moron（+蠢笨、傻瓜）等。

第二，在汉英"程度副词+名词"这一结构中，语境压制发挥的影响力存在一定差距。经过比较分析发现，英语语境压制这一结构的程度，要比汉语语境的压制力小一些。汉语名词在"程度副词+名词"中，通过语境的压制，名词去除了大量不合适、无意义的描述性特质。该情形和名词带有的表述性特征的多寡具有密切联系。通常，从被归入该结构的名词的角度来看，汉语名词拥有的表述性语义特质相对更多一些，并且具有突出的修饰性、描述性，还有比较复杂的强调特质的视角。由此可见，分析了解名词的最终保留特征，还要从整体语境出发，应根据整个文意进行全面解析。例如，焦裕禄、里根这些专有名词。他们都是影响力比较大的人物，对"so Ronald Reagan"进行了解的时候，大家通常聚焦的是其政治相关信息，如从政经历、政治特色。然而在分析、了解"很焦裕禄"时，该专有名词的描述性语义特质涉及多个层面，如平易近人、默默奉献、扎根基层、不怕困难及亲民爱民等。以上特质是从各个视角出发得出的特征，体现了这个人物的品德与高尚精神，这些特征之间没有非常明显的关联，不能像英语那样从整体视角进行解读，需要根据实际语境，来分析、明确、研判名词蕴含的描述性特征。

第二节　汉英"程度副词+名词"结构充当的句法成分及语用功能对比分析

一、汉语"程度副词+名词"结构充当的句法成分及语用功能

（一）汉语"程度副词+名词"结构承担的句法成分

把汉语"程度副词+名词"的结构义，和具体的语篇内容结合起来，来探索句法的具体构成，掌握语用功能。"程度副词+名词"结构主要包含的句法成分如下。

1. 谓语

"程度副词+名词"结构在汉语中的应用，从功能上看，就是针对特定对象的修饰程度，通常也被称为谓语，是对主语的直接修饰和描述。

2. 补语

结构本体有着显著的说明性功能，作为语句中的补语来使用，对主体的某些特征进行补充性说明。

3. 定语

"程度副词+名词"结构描述性属性较为突出，通常也被用作定语，对特定对象某个方面进行重点修饰和描述，整个结构充当定语的情形不多，除非在结构语句中，描述性和说明性属性较为强烈的情形下，才可以用作定语。例如：

例（1）一脸很阳光的笑容，看得谈玺很不悦。（蔚泠《绝色双娇》）

例（2）我在出卖早熟的青春，和我"很东方"的东方！（琼瑶《雁儿在林梢》）

4. 状语

"程度副词+名词"结构在一定情况下，可以作为状语来使用，使用这个结构主要是对谓语展开进一步修饰和说明，在实际使用的过程中，会存在较多的限制性，与定语的使用较为相似，需要存在说明和描述属性较为显著的语义，可以利用修饰动作来呈现。例如：

例（3）走到前面，为胖子拉开车门，很绅士地说："请！"（贾平凹《猎人》）

例（4）愫细很淑女地啜饮高脚杯中的白酒。（施叔青《愫细怨》）

（二）汉语"程度副词+名词"结构的语用功能

"程度副词+名词"结构在具体使用的过程中，存在显著的即时性特点，整个结构的使用，除了基于自身描述涉及的语义，还会包括较强的趣味性。语用功能主要体现在以下两方面。

1. 强调功能

"程度副词+名词"结构的使用具有一定的指向性，是指向某个特定的对象，并展开一定程度的描述。所以，使用这个结构，可以对某种观点或者思想进行强调，重点表达，突出其重要性。而在主观表达的过程中，副词的强调属性也会很好地显示出来。在名词留存的基础上，借助描述性语义完成对特定对象的描述，说话的语气加重，在关键信息获取上，强调意味更明显。举例说明，"他的生活方式很乡村"，"他的生活方式很有乡村特点"，后面一句话如果使用前一句进行表达，则描述性语义特征就会更突出，让对象可以感受到"乡村"所指代的丰富含义，强调了表达者的主观思想，从而加深理解。

2. 表达经济，言简意丰

"程度副词+名词"结构与语言表达经济性原则有较高的适配度。尤其是在日常生活用语中，可能无法使用某个词语精准表达自己的看法和观点，会影响到信息传输的精确度，而使用这个结构来表达，不仅可以更精准地传递信息，而且还能弥补语言上的不足，更好地满足表达者的需求，可以从简单的话语中，获取到更深层次的含义。与此同时，"程度副词+名词"结构的使用，会让整个语句变得更加精练简短，在意思表达上也更加精准，有利于情感层面的表达，结构的强调功能可以很好地体现出来，举例说明，"他很有绅士风度""他很绅士"，后一句话更加简短，但是在意思表达上比较完整，没有漏掉重要的信息，从语气和情感表达上，会更具层次感，情感也更强烈。

二、英语"程度副词+名词"结构充当的句法成分及语用功能

（一）英语"程度副词+名词"结构充当的句法成分

在英语语言使用过程中，"程度副词+名词"结构的结构义可以用来对特定对象特征进行深入描述，描述会有一定程度上的限制，对这个结构义的具体作用和功能进行明确。在语料分析的基础上，与系动词结合使用，就变成表语，作用是在一定程度上描述特定对象的性质、状态和特征。例如：

例（5）It feels so Lewiston.

例（6）What they do is very Ben Franklin.

例（7）The size and depth of the skull behind the muzzle is very boxer.

例（8）You don't want to become too Hollywood，too New York.

例（9）Yes，they sounds very Zen to me.

例（10）Their consultant，Val Marmillion，looks very Los Angeles.

（二）英语"程度副词+名词"结构的语用功能

在语料分析的基础上，与英语中"程度副词+名词"的结构义结合起来，来分析其存在的语用功能。这个结构的使用，不论是在汉语还是在英语中，功能作用和语义表达存在一定的相似性，其主要作用如下。

1. 强调作用

英语"程度副词+名词"的结构义用来对某个特定对象存在的特征进行描述分析，所以，强调作用较为显著。从程度突出性角度分析，依据结

构内部名词和与整体结构存在的关系，来突出其强调功能。在语义表达上，更突出人的表达语气，对其意思的表达也更侧重。举例说明，在英语中，如果使用到"so moron"一词，名词"moron"与表示程度的副词"so"结合起来使用，可以强调"moron"词语表达的特征，也就是"+愚蠢"，可以更好地突出语义特征，对表达者主观思想进行精准传达。

2. 表达更具针对性

"程度副词+名词"结构在英语中得到应用，存在的针对性属性会被放大。一般情况下，使用这个结构，往往通过综合表达式的方式进行呈现，因为单个的词汇无法精准地表达说话人的意思。在对某个人的特征进行描述的时候，无法只用单个词汇进行描述，在这样的情况下，可以利用综合性表达方式进行描述表达，描述身高、力量、长相等特征的时候，可以使用外表状态来进行概括，这样所有的特征都可以包含在内。"very boxer"在应用过程中，具有较强的针对性，直接对应某个特殊对象，与经济性原则也保持一致，在意思表达的过程中，使用更简洁的结构，从而达到更好的表达效果。

三、对比分析及小结

通过以上分析可以得知，"程度副词+名词"结构不论是在汉语环境中还是在英语环境中都会经常用到，它们的语用功能比较相似，但依旧存在一定的差别，比如句法成分上就存在差异。在英语环境中使用"程度副词+名词"结构和汉语环境涉及的语用功能有相同之处，都是在一定程度上对具体对象特征进行描述，都具有强调意图，是为了突出说话人的意愿和所想要表达的思想。除此之外，在结构使用的过程中，进行了简化处理，利用综合性描述的方法对特征进行描述，覆盖多层次的内容，语义丰富性得到提高，可以满足使用需求。

但是，需要明确的是这种结构具体涉及的句法成分会有差异性。在汉语环境中，"程度副词+名词"结构在使用过程中，可以充当不同的成分，谓语、状语、定语和补语，描述性语义属性较为突出，都是用来描述特定对象的属性特征。但是在英语环境中，这种结构只能用作表语，对特定对象的性质、特征等进行补充说明。对比结果发现，在汉语环境中，"程度副词+名词"可以用来描述动作，但是英语中却很少涉及，着重对特征、性质等展开描述性分析。

第三节　汉英"程度副词+名词"结构的成因对比分析

一、汉语"程度副词+名词"结构的成因

在前文分析的基础上，对"程度副词+名词"结构形成的原因进行分析，程度副词会对具体的描述程度进行修饰。从汉语语法应用的角度上分析，程度副词在进行特征描述的过程中，可以实现良好的量化效果。所以，笔者认为，"程度副词+名词"结构的形成是建立在"程度副词+量化描述特征"基础上的优化创新结果。

赵艳芳的观点表明，象征单位指代的是一种特殊的结合体，把固化的形式和一定的意义结合起来，是高度凝结后的精华部分，一般很难轻易调用。[①] 由此可知，所谓的象征单位是一种比较抽象化的结构，在这种结构中，从整体着手是一个固化形式，可以理解成为认知的构成部分。所以，象征单位较为常见，使用也比较频繁，根据象征单位可以进一步推导出其他结构。副词具有限定、修饰的作用，实际搭配的对象某些特征较为突出，在对描述程度进行修饰的基础上，可以把握好描述的度，描述性语义特征也会因此被限定，为"程度副词+量化描述特征"象征单位的应用提供了基础，这意味着程度副词和名词结合是可行的。

与此同时，汉语较为特殊，可以确定为是一种孤立语，形态变化上并没有形成统一的规范。在对含义进行表达的过程中，主要是通过调节语序

---

①赵艳芳：《认知语言学概论》，上海外语教育出版社，2001，第126页。

或者利用虚词等方式来实现。在汉语环境中，在对特定对象进行程度性描述的过程中，如果找不到合适的词语进行描述，可以把程度副词和名词结合起来，从整体的角度进行描述性分析，这种表达结构变得更加简化，表达的意思也变得更加精确。所以，在汉语应用环境中，名词和描述性语义特征相契合的时候，就可以把两者结合起来使用。此外，"程度副词+名词"结构的形成是建立在"程度副词+量化描述特征"象征单位的基础上，进一步展开延伸，在应用过程中逐渐被固化和留存。

二、英语"程度副词+名词"结构的成因

语言在实际应用的过程中，存在一定的共通性，对特定的对象进行描述的过程中，会进行修饰和限定，在汉语和英语程度副词应用中，都很好地突出其功能作用。在前文分析的基础上，笔者发现一些英语名词和汉语名词比较相像，修饰程度可以进行量化处理，与程度副词有良好的协同使用效果，可以借助程度副词，在特征描述的过程中，进行一定程度的限制。不论是在汉语还是英语环境中，结构整体和内部所包含的主体，都有其存在的语用功能，对此应该有一个正确认知。在英语中，借助程度副词，对描述性特征进行限定，限制可接受程度，这是固化处理的一个重要特点。所以，"程度副词+量化描述特征"在汉语和英语环境中，都可以发挥其作用，把程度副词和名词联系起来，形成一个简单的整体结构，并在应用中进行固化处理。

三、对比分析及小结

通过以上分析可以得知，汉英"程度副词+名词"结构的初始成因存在共通性，在汉语和英语环境中都适用，都是对特定对象进行综合性描述，把程度副词和名词组合在一起，形成一个简化的综合性描述组合，并根据程度副词对可接受程度进行调节，从而达到预期的描述效果。精准地表达说话人的思想和观点，程度副词和名词的组合也成了可能，在原有量化描述特征的基础上，直接使用名词来替代。原来的结构得到延伸，且结

构更加简单。初始成因相似，意味着在实际应用过程中，存在相同的现实基础，语言材料挖掘利用有限，使用者的需求无法得到充分满足，需要寻求新的方法来达成特征描述目的。在语言不断发展的过程中，可用于这个结构的名词数量也不断增多，语用需求不断增多，有良好的应用前景。

第六章 "程度副词+名词"结构的对外汉语教学思考与建议

第一节 汉语"程度副词+名词"结构教学情况分析

一、教学情况分析的定义

教学情况分析，就是教师针对教学过程中的各种情况进行深入理解和剖析的过程。它涉及对教学内容、教学方法、学生特点、教学环境等方面的全面审视。这种分析不仅关注教学本身的效果，也注重教学过程中出现的各种问题，以及这些问题的成因和影响。通过教学情况分析，教师可以更好地掌握教学动态，优化教学策略，提高教学效果。

二、教学情况分析对汉语"程度副词+名词"结构教学的重要意义

在对外汉语教学中，语言结构的理解与应用一直是教学的核心任务。其中，"程度副词+名词"结构因其独特性和复杂性，成为教学中的一大难点。因此，对教学情况进行深入分析，对于这种结构的教学具有极其重要的意义。

首先，教学情况分析有助于教师更好地把握学生的学习进度和学习难点。通过分析学生在使用"程度副词+名词"结构时的表现，教师可以明确哪些部分是学生已经掌握的，哪些部分是学生还存在困惑的。这样，教师就能更有针对性地进行教学，帮助学生解决具体问题，提高教学效果。

其次，教学情况分析有助于教师优化教学方法。通过对教学情况的分

析，教师可以发现哪种教学方法对"程度副词+名词"这种结构的教学更有效，哪种教学方法需要改进。例如，教师可以发现，通过实际语境的创设和实例的引导，学生可以更好地理解和应用这种结构。这样，教师就能不断优化教学方法，使教学更加贴近学生的实际需求。

再次，教学情况分析有助于提升学生对"程度副词+名词"结构的理解和应用能力。通过分析学生的使用情况，教师可以引导学生对这种结构进行深入的思考和理解，帮助他们掌握其内在规律和特点。同时，教师还可以通过设计各种实践活动，让学生在实践中应用"程度副词+名词"这种结构，从而提高他们的应用能力。

最后，教学情况分析还有助于推动对外汉语教学的创新和发展。通过对"程度副词+名词"结构的教学情况进行深入的分析和研究，教师可以总结出一些有效的教学经验和策略，为对外汉语教学的创新和发展提供一些有益的参考。

综上，教学情况分析对"程度副词+名词"结构的对外汉语教学具有极其重要的意义。它不仅可以帮助教师更好地把握学生的学习情况，优化教学方法，提升教学效果，还可以推动对外汉语教学的创新和发展。因此，我们在进行对外汉语教学时，应充分重视教学情况的分析，充分发挥其在教学中的重要作用。

三、汉语"程度副词+名词"结构教学情况分析的内容

（一）教学整体情况分析

在对外汉语教学中，"程度副词+名词"结构的教学是一个重要且复杂的环节。这种结构在汉语表达中非常常见，它赋予了名词以程度或状态的描述，使得语言表达更为丰富和生动。在教学过程中，教师通常会从基本的程度副词如"很""非常"等入手，逐步引导学生理解和运用这种结构。

从整体来看，大部分学生能够理解并初步掌握这种结构的基本用法。他们能够在特定的语境中，选择合适的程度副词和名词进行搭配，表达出

自己的意思。然而，对于一些较为复杂的名词，或者是一些具有特定文化内涵的名词，学生在理解和运用上还存在一定的困难。

（二）教学存在的问题

尽管学生在整体上对"程度副词+名词"结构有了一定的掌握，但在教学过程中仍然存在一些问题。

首先，学生对于程度副词的选择和使用不够准确。有时，他们可能会选择不合适的程度副词来修饰名词，导致表达的意思与预期不符。这可能是因为他们对程度副词的含义和用法理解不够深入，或者是对名词的特性把握不够准确。

其次，学生在理解和运用具有文化内涵的名词时存在困难。一些名词在汉语中具有特定的文化内涵和象征意义，如果学生对这些文化背景不了解，就很难准确地理解和运用这些名词。这可能会导致他们在使用"程度副词+名词"结构时出现偏差或误解。

最后，学生在实际运用中缺乏灵活性。他们往往只能按照固定的模式进行搭配和使用，而不能根据具体的语境和需要进行灵活的调整。这可能会限制他们的语言表达能力，使得他们的表达显得单调和生硬。

（三）导致存在问题的原因

导致上述教学问题的原因主要有以下三个方面。

首先，教材和教学方法的局限性。目前，一些汉语教材在介绍"程度副词+名词"结构时，往往只注重基本的用法和搭配，而忽略了对程度副词和名词的深入解析和文化背景的介绍。此外，一些教师在教学方法上过于机械和固定，缺乏灵活性和创新性，这也可能在一定程度上限制了学生的理解和运用。

其次，学生的语言和文化背景差异。对于非母语学生来说，汉语的文化内涵和语言特性可能会给他们带来一定的挑战。他们可能需要对汉语的词汇、语法和文化背景有更深入的了解和体验，才能更好地理解和运用"程度副词+名词"结构。

最后，教学实践的局限性。在教学过程中，教师可能没有足够的时间和机会来针对每个学生的具体情况进行有针对性的指导和训练。此外，缺乏足够的实践机会和真实的语境模拟也可能影响学生的语言运用能力。

综上，针对汉语"程度副词+名词"结构的教学情况，我们需要从教材、教学方法、学生背景及教学实践等个方面进行深入分析和改进，以提高学生的语言运用能力和表达水平。

（四）学生分析

1. 汉语"程度副词+名词"结构教学中学生学习起点分析

在对外汉语教学中，我们发现了一个有趣且独特的语言现象，那就是"程度副词+名词"的结构。这种结构在日常交流、文学作品及新闻报道中屡见不鲜，其独特的表达方式和丰富的内涵使得它成为汉语学习的一个重要内容。然而，对于学生来说，理解和掌握这种结构并非易事，因此，我们需要从学生的学习起点出发，进行深入的分析。

首先，学生在接触"程度副词+名词"结构时，往往会对其产生困惑。因为在他们的母语中，名词一般表示具体的事物或抽象的概念，而副词则用来修饰动词或形容词，表示程度、方式等。但在汉语中，名词却可以被程度副词修饰，这种用法在他们的母语中并不常见，因此，他们可能会感到陌生和困惑。

其次，学生在理解"程度副词+名词"结构的含义时，也会遇到一些困难。因为这种结构的含义往往不是名词本身的意思，而是名词所代表的事物的某种属性或特征。例如，"很阳光"并不是指某物非常像阳光，而是指某人性格开朗、积极向上。这就需要学生具备一定的汉语语境理解能力和联想能力，能够从名词联想到其相关的属性或特征。

最后，学生在运用"程度副词+名词"结构时，也需要注意其适用的场合和语境。虽然这种结构在汉语中很常见，但并不是所有的名词都可以被程度副词修饰。一般来说，这种结构中的名词需要具有一定的描述性和形象性，能够引发人们的联想和想象。同时，不同的场合和语境也需要使用不同的程度副词和名词，以表达不同的情感和态度。

因此，在教学过程中，我们需要针对学生的学习起点，采取适当的教学方法和策略。首先，我们可以通过举例和对比的方式，让学生了解"程度副词+名词"结构的用法和特点。其次，我们可以设计一些语境练习，让学生在实际的语境中运用这种结构，提高他们的语言运用能力。最后，我们还可以引导学生通过阅读、听力等方式，积累更多的汉语语料，增强他们的语言感知和理解能力。

综上，"程度副词+名词"结构在对外汉语教学中是一个重要的内容，也是学生需要掌握的一个难点。我们需要从学生的学习起点出发，深入了解他们的困惑和难点，并采取有效的教学方法和策略，帮助他们更好地理解和掌握这种结构。

2. 汉语"程度副词+名词"结构教学中学生学习动机分析

在对外汉语教学中，尤其是针对非母语学生，教授语言结构是一大挑战。其中，"程度副词+名词"结构因其独特性和灵活性而显得尤为复杂。本小节旨在分析学生在学习这一结构时的学习动机，以便更有效地设计教学策略，提高教学效果。

我们需要认识到，学习动机是驱动学生积极参与学习活动的内在力量。在汉语"程度副词+名词"结构的学习中，学习动机可能源于多个方面。

首先，学生对汉语的兴趣和热爱是学习的基本动力。汉语作为世界上最古老、最丰富的语言之一，其独特的表达方式和深厚的文化底蕴往往能激发学生的好奇心和探索欲望。特别是"程度副词+名词"这种富有表现力的结构，能使表达更加生动、形象，因此对学生具有较大的吸引力。

其次，实际需求和目标导向也是学生学习的重要动力。在现代社会，掌握一门外语，尤其是像汉语这样的国际语言，对于个人的职业发展、文化交流及国际视野的拓展具有重要意义。因此，学生可能出于提升个人竞争力、拓宽国际视野等实际需求而努力学习"程度副词+名词"这一结构。

最后，教师的引导和教学方法也会对学生的学习动机产生重要影响。

一位富有激情、善于引导的教师能够激发学生的学习兴趣，而生动有趣的教学方法和丰富多样的教学资源也能增强学生的学习动力。

此外，我们也需要注意学习动机并非是一成不变的。在学习过程中，学生可能会遇到困难和挫折，导致学习动机减弱甚至消失。因此，教师需要及时关注学生的学习状态，通过鼓励、引导等方式帮助学生重新找回学习动力。

综上，学生在学习汉语"程度副词+名词"结构时的学习动机是多方面的，既包括对汉语的兴趣和热爱，也包括实际需求和目标导向，同时还受到教师引导和教学方法的影响。因此，教师在设计教学策略时，应充分考虑这些因素，以激发学生的学习动力，提高教学效果。

3. 汉语"程度副词+名词"结构教学中学生学习态度分析

在对外汉语教学中，"程度副词+名词"结构是一种较为特殊且常见的语法现象。这种结构不仅体现了汉语的灵活性和丰富性，也给学生带来了一定的挑战。在教授这一结构时，学生的学习态度对于教学效果起着至关重要的作用。本节旨在分析学生在学习"程度副词+名词"结构时的态度，以期为提高教学质量提供参考。

在汉语中，程度副词如"很""非常"等，通常用来修饰形容词或动词，表示程度的高低。然而，当程度副词与名词结合时，名词往往被赋予了形容词的性质，形成一种特殊的表达方式。这种结构不仅具有描述功能，还能表达一种强烈的感情色彩。

在教学过程中，学生的学习态度呈现出多样性。一部分学生对这种结构表现出浓厚的兴趣，他们乐于尝试新的表达方式，并愿意花时间去理解和掌握。这类学生通常具有较强的学习能力和好奇心，他们能够在教师的引导下迅速掌握这种结构的用法。

然而，也有一部分学生对"程度副词+名词"结构持谨慎甚至抵触的态度。他们可能认为这种结构不符合传统的语法规则，难以接受和使用。这类学生往往在学习过程中表现出较大的困惑和挫败感，需要教师给予更多的关注和引导。

针对学生的不同学习态度，教师在教学过程中应采取相应的教学策略。对于积极学习的学生，教师可以给予更多的鼓励和肯定，引导他们进一步拓展和深化对这种结构的理解。对于态度谨慎的学生，教师则需要耐心解释这种结构的合理性和实用性，帮助他们克服心理障碍，逐步接受和掌握。

此外，教师还可以采用多种教学方法和手段来激发学生的学习兴趣和积极性。例如，通过举例说明、对比分析等方式，帮助学生理解"程度副词+名词"结构的用法和特点；通过课堂讨论、角色扮演等活动，引导学生积极参与课堂互动，提高学习效果。

总之，学生在学习"程度副词+名词"结构时的态度是影响教学效果的重要因素之一。教师应根据学生的实际情况采取相应的教学策略和方法，帮助学生克服学习困难，提高学习效果。同时，教师还应不断总结教学经验，完善教学方法和手段，以更好地满足学生的学习需求和提高教学质量。

4. 汉语"程度副词+名词"结构教学中学生差异性分析

在对外汉语教学中，"程度副词+名词"结构是一个独特且富有表现力的语言现象。这种结构能够表达丰富的情感色彩和抽象概念，为学习汉语的学生提供了更广阔的表达空间。然而，在实际教学过程中，我们发现不同学生在理解和运用这一结构时存在显著的差异性。本节旨在分析这些差异性存在的原因，并提出相应的教学策略。

（1）学生差异性表现

在"程度副词+名词"结构的教学中，学生的差异性主要表现在以下三个方面。

第一，理解能力的差异：一些学生能够迅速理解并掌握这种结构的用法，能够灵活运用不同的程度副词和名词进行组合，表达复杂的情感和概念。一些学生无法快速理解这种结构，需要更多的时间进行练习才能掌握。

第二，运用能力的差异：在掌握了"程度副词+名词"结构的基本用法后，学生在实际运用中也表现出明显的差异。一些学生能够准确地根据语境选择合适的程度副词和名词进行搭配，使表达更加贴切生动。而另一些学生则可能出现搭配不当或用法错误的情况。

第三，创新能力的差异：在运用"程度副词+名词"结构进行表达时，一些学生能够发挥创造力，创造出新颖、有趣的表达方式。他们善于将不同的词汇进行组合，形成独特的语言风格。而另一些学生则可能较为保守，更多地采用传统的表达方式。

（2）差异性原因分析

造成学生在"程度副词+名词"结构教学中差异性的原因主要有以下三点。

第一，语言基础差异：学生的语言基础水平不同，对汉语语法和词汇的掌握程度也有所不同。这直接影响到他们对"程度副词+名词"结构的理解和运用。

第二，文化背景差异：学生的文化背景也会影响他们对这种结构的理解和运用。不同文化背景下的学生对同一词汇可能有不同的理解和感受，这可能导致他们在运用这种结构时产生差异。

第三，学习方法和态度差异：学生的学习方法和态度也是造成差异性的重要原因。一些学生可能更注重理解和记忆语法规则，而另一些学生则更注重实际运用和练习。同时，学生的学习态度也会影响他们的学习效果。

（3）教学策略建议

针对学生在"程度副词+名词"结构教学中的差异性，我们提出了以下教学策略建议。

第一，因材施教：根据学生的实际情况，制订个性化的教学计划。对于理解能力较弱的学生，可以通过更多的例句和练习来帮助他们掌握这种结构的基本用法；对于运用能力较差的学生，可以引导他们多进行实际运用和口语练习；对于创新能力较强的学生，可以鼓励他们尝试创造新的表达方式。

第二，强化文化教学：在教授"程度副词+名词"结构时，注重介绍相关的文化背景和语境知识。这有助于学生更好地理解这种结构的文化内涵和表达方式，提高他们在实际运用中的准确性。

第三，培养学习方法和态度：引导学生形成正确的学习方法和态度。鼓励学生多进行自主学习和合作学习，培养他们的学习兴趣和积极性。同时，也要注重培养学生的创新思维和实践能力，使他们在掌握基本用法的基础上能够灵活运用这种结构进行表达。

综上，汉语"程度副词+名词"结构教学中学生的差异性是客观存在的。我们需要认真分析存在这些差异性的原因，并采取有针对性的教学策略来帮助学生更好地掌握和运用这种结构。通过因材施教、强化文化教学和培养学习方法和态度等措施，我们可以提高学生的学习效果和表达能力，促进他们在汉语学习中的全面发展。

5. 汉语"程度副词+名词"结构教学中学生的学习需求分析

首先，学生需要了解并掌握常见的程度副词。程度副词如"很""非常""十分"等，在"程度副词+名词"结构中起到了关键作用，它们决定了名词所表达属性的程度。学生需要了解这些副词的基本含义和用法，以便在适当的情况下使用它们。

其次，学生需要理解名词在"程度副词+名词"结构中的特殊用法。在汉语中，一些名词在特定的语境下可以被程度副词修饰，从而表达出特定的情感或评价。学生需要了解哪些名词可以接受程度副词的修饰，以及这种修饰所带来的语义变化。

再次，学生还需要掌握这种结构的语境和用法。不同的语境下，"程度副词+名词"结构可能有不同的表达效果和语用功能。学生需要通过大量的例句和实际语境练习，来熟悉这种结构的用法，并能够准确地运用它来表达自己的意思。

最后，学生对于纠正错误和反馈的需求也是不可忽视的。在学习"程度副词+名词"结构的过程中，学生难免会出现一些错误。这些错误可能涉及对程度副词或名词的理解，也可能涉及对这种结构整体用法的把握。

因此，教师需要提供及时的反馈和纠正，帮助学生发现和改正错误，从而提高他们的学习效果。

综上，学生在学习汉语"程度副词+名词"结构时，需要了解并掌握程度副词和名词的基本用法，理解这种结构的语境和语用功能，以及通过实践练习来巩固和提高自己的运用能力。同时，他们也需要教师的反馈和纠正来帮助他们更好地掌握这一结构。因此，教师在设计教学方案时，应充分考虑学生的这些需求，采用多样化的教学方法，以帮助学生更好地理解和掌握"程度副词+名词"结构。

（五）教学分析

1. 教学需求分析

随着汉语作为第二语言的国际推广，汉语的教学需求日益增多。在对外汉语教学中，词汇和语法结构的理解与应用至关重要。其中，"程度副词+名词"这一结构，因其独特性和灵活性，成为对外汉语教学中的一个重要内容。本小节旨在探讨这一结构的教学需求，以期提升对外汉语教学质量。

在教学需求方面，首先，要强调对这一结构的认知和理解。学生需要明确这种结构的存在和其在句子中的作用，了解哪些名词可以与程度副词结合使用，以及结合后所表达的意义。此外，还需要引导学生注意这种结构的语法特点和用法限制，避免出现误用或滥用的情况。其次，要注重这一结构的实际应用。通过大量的例句和练习，帮助学生掌握这种结构的用法，并能在实际交际中灵活运用。在教学过程中，可以结合具体的语境和情境，设计富有针对性的教学活动，如角色扮演、小组讨论等，让学生在实践中感受这种结构的魅力。此外，还需要关注文化差异对"程度副词+名词"结构的影响。由于不同文化对事物的认知和表达方式存在一定的差异，因此，在教授这种结构时，需要考虑到学生的文化背景，引导他们正确理解和使用这种结构。

总之，汉语"程度副词+名词"结构的教学需求涵盖对其认知、理解和应用等方面。在教学过程中,需要注重理论与实践的结合,同时关注文化差异的影响,以提升学生的汉语水平和跨文化交际能力。通过有效的教学方法和手段,相信我们能够更好地满足这一结构的教学需求,为汉语的国际推广和传承贡献力量。

2. 汉语"程度副词+名词"结构教学特点分析

在对外汉语教学中,"程度副词+名词"结构是一种特殊的语言现象,它不仅体现了汉语的灵活性和创新性,同时也为学生带来了一定的挑战。这种结构的教学特点主要表现在以下 5 个方面。

(1)结构的灵活性与创新性

"程度副词+名词"结构是汉语中一种富有创造性的表达方式。程度副词,如"很""非常""极其"等,通常用来修饰形容词或动词,表示程度的高低。然而,在汉语中,程度副词却被创造性地扩展到修饰名词,使得名词也能表达出程度的意义。这种灵活性和创新性使得汉语的表达更加丰富多彩,同时也为对外汉语教学带来了新的教学点。

(2)词汇选择的特定性

并非所有的名词都可以与程度副词搭配使用。在实际教学中,教师需要引导学生理解并掌握这种结构的词汇选择规律。一般来说,能与程度副词搭配的名词往往具有某种特定的性质或特征,这些性质或特征可以被量化或程度化。例如,"很阳光""非常专业"等,这些名词都具有明确的含义和特征,可以被程度副词修饰,表达出不同的程度。

(3)语境的依赖性

"程度副词+名词"结构的意义往往依赖具体的语境。同一个"程度副词+名词"结构在不同的语境中可能有不同的含义。因此,在教学中,教师需要注重语境的引入和讲解,帮助学生理解并掌握这种结构在实际语言使用中的用法。

(4)文化背景的融入

汉语是一种深受文化影响的语言,"程度副词+名词"结构也不例外。这种结构的形成和使用往往与中国的文化背景和中国人的思维方式密切相关。在教学中，教师不仅需要讲解语言结构本身，还需要引导学生理解这种结构背后的文化内涵，以便更好地掌握和运用它。

（5）注重实践应用

对于"程度副词+名词"结构的教学，实践应用是关键。只有通过大量的实际语言使用，学生才能真正理解和掌握这种结构。因此，在教学中，教师应设计丰富的实践活动，如角色扮演、情景对话等，让学生在实践中体验和学习这种结构。

综上，汉语"程度副词+名词"结构的教学具有其独特的特点。在教学中，教师需要注重结构的灵活性和创新性，引导学生掌握词汇选择的特定性，注重语境的引入和讲解，融入文化背景，以及注重实践应用。通过这些教学方法和策略，教师可以帮助学生更好地理解和掌握这种特殊的汉语结构，提高他们的汉语水平。

第二节　关于"程度副词+名词"结构的教学思维及教学态度思考

在对外汉语教学中，"程度副词+名词"这一结构往往让学生感到困惑。这一结构虽然看似简单，但实际上包含丰富的文化内涵和语言习惯。对于教师而言，如何有效地教授这一结构，不仅需要深入的教学思维，还需要恰当的教学态度。

一、"程度副词+名词"结构的教学思维

（一）明确"程度副词+名词"这一结构的本质

在对外汉语的教学中，我们经常会遇到一些特殊的语法结构，其中"程度副词+名词"就是一种常见的且富有特色的结构。这种结构在表达上具有高度的灵活性和丰富的内涵，给学生的应用带来了一些困难。因此，明确这一结构的本质，对于有效地进行教学具有重要的指导意义。

"程度副词+名词"这一结构的本质在于利用程度副词对名词进行修饰，使得名词在程度上得到量化，从而表达出更为丰富和细腻的意义。这种结构打破了传统语法中名词不能被程度副词修饰的规则，体现了汉语表达的灵活性和创新性。

首先，我们需要理解程度副词在这一结构中的作用。程度副词如"很""非常""极"等，主要用来表示性质、状态或动作的程度。当它们与名词结合时，便赋予了名词以程度上的意义，使得原本只表示事物名称的名词具有了描述性质或状态的功能。

其次，我们需要认识到名词在这种结构中的变化。在"程度副词+名词"的结构中，名词不再只是一个事物的指称，而是被赋予了更多的内涵和意义。这种结构使得名词能够表达更为复杂和细腻的概念，增强了汉语表达的丰富性和表现力。

最后，我们需要理解这种结构的整体意义。在"程度副词+名词"的结构中，程度副词和名词相互作用，共同构成一个完整的意义单位。这种结构不仅能够表达事物的性质、状态或程度，还能够反映出说话人的主观情感和态度，使得语言表达更加生动和富有感染力。

总之，"程度副词+名词"这一结构的本质是程度副词对名词的修饰和量化，使得名词在程度上得到表达，从而丰富了汉语的表达方式和内涵。明确这一结构的本质有助于我们更好地理解和运用这一结构，在一定程度上提高对外汉语教学的效果和质量。

综上，明确"程度副词+名词"这一结构的本质对于对外汉语教学具有重要的指导意义。我们应该在教学过程中注重引导学生理解这一结构的本质和特点，并通过实践练习和跨文化交际能力的培养来提高学生的汉语表达能力。

（二）强化语法规则的讲解

在对外汉语教学中，"程度副词+名词"这一结构往往被视为一个较为特殊的语言现象，其使用规则也较为复杂。因此，教师在教授这一结构时，需要特别注重强化语法规则的讲解，以帮助学生更好地理解和掌握。

教师需要详细解释这一结构的语法规则。

首先，不是所有的名词都可以被程度副词修饰，只有那些具有抽象意义或能在特定语境下获得抽象意义的名词才能使用。

其次，程度副词和名词之间通常不需要加"的"，因为这里的名词已经被程度副词赋予了抽象意义，不再是单纯的指称。此外，教师还需提醒学生注意语境对"程度副词+名词"结构的影响，因为不同的语境可能会使同一个名词获得不同的抽象意义。

再次，在强化语法规则讲解的过程中，教师可以采用多种教学方法。例如，通过例句展示"程度副词+名词"结构的用法，引导学生观察和分析例句中的语法现象；设计针对性的练习，让学生在实践中掌握这一结构的用法；组织小组讨论或角色扮演等活动，让学生在互动中加深对这一结构的理解。

最后，教师还需要引导学生在实际运用中注意语言规范。虽然"程度副词+名词"结构在口语和书面语中都有出现，但并非所有场合都适用。教师应提醒学生在正式场合或书面表达中谨慎使用这一结构，避免造成误解或歧义。同时，教师还应鼓励学生多阅读、多积累语言素材，提高自己的语言素养和表达能力。

总之，强化语法规则的讲解在汉语"程度副词+名词"结构的教学中具有重要意义。通过明确定义、分类讲解、举例说明、实践练习及规范使用等方面的指导，教师可以帮助学生更好地掌握这一结构的用法，提高汉语表达能力。

（三）培养学生的语感

除了强调语境的应用，我们还需要注重培养学生的语感。语感是指对语言的敏锐感知和理解能力。对于"程度副词+名词"这种结构来说，语感的培养尤为重要。因为，这种结构往往带有一定的主观性和模糊性，需要依靠语感来把握其含义和用法。

为了培养学生的语感,我们可以鼓励学生多听、多说、多读、多写。通过大量的语言实践,学生可以逐渐积累对语言的感知和理解能力,从而更好地掌握和运用"程度副词+名词"结构。同时,我们还可以引导学生关注生活中的语言现象,观察和分析人们在不同场合下如何使用这种结构,从而加深对这种结构的理解和认识。

(四)加强实例练习

实例练习是掌握"程度副词+名词"结构的有效途径。通过大量的实例练习,学生可以直观地感受到这种结构的用法和效果,从而加深对其的理解和记忆。

首先,教师可以选取一些典型的例句进行展示,如"他非常阳光""我俩的关系很铁"等,让学生初步感知这种结构的用法。其次,教师可以引导学生尝试自己造句,让学生在实践中摸索和总结这种结构的运用规律。

此外,教师还可以设计一些针对性的练习题,如填空题、选择题等,让学生在练习中巩固所学知识。这些练习题可以围绕学生的日常生活、学习场景进行设计,使学生能够在实际应用中感受到这种结构的实用性和灵活性。

(五)注重语境教学

"程度副词+名词"结构的运用往往与具体的语境密切相关。因此,在教学过程中,教师需要注重语境的创设和引入,帮助学生理解这种结构在不同语境下的用法和意义。

教师可以通过模拟真实场景、讲述故事等方式,为学生创造一个生动、具体的语境。在这个语境中,教师可以引导学生观察、分析和运用"程度副词+名词"结构,使学生在具体的语境中感知和理解这种结构的用法和意义。

同时,教师还可以引导学生自己创造语境,进行角色扮演、对话练习等活动。通过这些活动,学生可以更加深入地了解这种结构的实际运用,在一定程度上提高其在实际交流中的表达能力。

（六）注重文化导入

在对外汉语教学中，"程度副词+名词"的结构是一个具有独特魅力和深度的语言现象。它不仅体现了汉语的灵活性和丰富性，也承载了深厚的文化内涵。因此，在教授这种结构时，导入文化元素，让学生在理解语言结构的同时，也能感受到其背后的文化韵味，是一种十分有效的教学思维。

首先，我们需要让学生了解"程度副词+名词"结构的基本用法。程度副词，如"很""非常""极"等，用于表示事物的性质、状态或动作的程度。当它们与名词结合时，可以使名词具有形容词的性质，表达更为丰富的含义。例如，"很男人"可以表示某个男性具有坚强、果断等特质；"非常阳光"则可以形容一个人积极向上、充满活力的性格。

然而，这种结构不能随意运用，它受到一定的文化习惯和语境制约。因此，在教授这种结构时，我们需要结合具体的文化背景进行讲解。可以通过介绍相关的历史典故、风俗习惯、社会现象等，帮助学生理解这种结构的产生和演变过程，以及它在不同语境下的运用规律。

同时，教师还可以通过对比不同文化背景下的语言现象，让学生更加深入地理解"程度副词+名词"结构的文化内涵。例如，可以对比英语中的类似结构，探讨两种语言在表达程度和性质时的异同点，从而引导学生思考语言与文化之间的密切关系。

此外，教师还可以设计一些互动性强、趣味性高的教学活动，让学生在实践中掌握这种结构的用法。比如，可以组织学生进行角色扮演、情景对话等活动，让他们在模拟真实场景的过程中运用"程度副词+名词"结构进行表达；或者布置一些与文化相关的写作任务，让学生在写作中尝试运用这种结构来描述人物、事件或现象。

总之，导入文化元素是教授汉语"程度副词+名词"结构的有效教学思维。通过结合文化背景进行讲解、对比不同文化背景下的语言现象及设计互动性强的教学活动，可以帮助学生更好地理解和掌握这种结构的用法，同时也能提高他们的跨文化交际能力。这样的教学方式不仅能够提升学生对学习的兴趣，还能促进他们对中华文化的了解和认同。

（七）尊重学生的差异

在对外汉语教学中，"程度副词+名词"是一种常见的语言结构，这种结构在表达程度和情感时非常灵活且富有表现力。然而，对于不同背景、不同语言水平的学生来说，理解和运用这种结构可能会存在一定的差异。因此，教师在教授这种结构时，应注重学生的差异，采用灵活多样的教学策略。

首先，我们需要认识到学生在母语背景、文化认知和语言水平等方面存在的差异。这些差异会影响他们对"程度副词+名词"结构的理解和运用。例如，一些母语为英语的学生可能会对这种结构感到陌生，因为在他们的语言中，副词通常修饰形容词或动词，而不是名词。因此，教师在教授这种结构时，需要从学生的实际情况出发，进行有针对性的讲解和练习。

其次，针对不同水平的学生，教师应采用不同的教学方法。对于初学者，教师可以先介绍一些常用的程度副词和名词的搭配，让他们通过模仿和记忆来掌握这种结构的基本用法。对于水平较好的学生，教师可以引导他们进一步探讨这种结构的语义和语用特点，以及在不同语境下的运用策略。

再次，教师还可以利用多种教学资源来辅助教学。例如，通过对比分析不同语言中的类似结构，帮助学生建立跨语言的联系和对比；通过实际语料和例句的展示，让学生感受这种结构的实际运用和表达效果；通过角色扮演、情景对话等互动活动，让学生在实践中运用和巩固这种结构。

最后，教师在评价学生的学习效果时，也应注重个体差异。对于不同学生在理解和运用"程度副词+名词"结构方面所取得的进步和存在的问题，教师应给予及时的反馈和指导，帮助他们找到适合自己的学习方法和策略。

总之,在教授汉语"程度副词+名词"结构时,教师应注重学生的差异,采用灵活多样的教学策略和资源,以帮助他们更好地理解和运用这种结构。同时,教师还应关注学生的学习过程和进步,给予他们个性化的指导和支持,以促进他们的全面发展。

(八)鼓励学生主动探索

在对外汉语教学中,"程度副词+名词"这一结构往往被视为一个较为特殊的语言现象。它突破了传统语法规则中对副词和名词功能的定义,使得名词在特定语境下获得了表达程度或属性的功能。因此,在教授这一结构时,我们不仅需要向学生传授基本的语法规则,更应当鼓励他们主动探索、自主发现,从而真正掌握并灵活运用这一结构。

1. 理论铺垫与案例展示

在教学过程中,可以通过一些典型的例句来向学生展示"程度副词+名词"结构的用法。例如,"他很男人""她非常淑女"等。这些例句可以帮助学生初步感知这一结构的存在和特点。同时,我们还需要向学生解释这一结构背后的语言学原理,即名词在特定语境下可以临时获得形容词的功能,用来表达程度或属性。

2. 鼓励学生进行主动探索

在理论铺垫的基础上,我们应当鼓励学生主动探索这一结构的更多用法。通过设置一些具体的语言情境,让学生尝试运用"程度副词+名词"结构来表达自己的意思。例如,可以让他们描述一个人的性格特点、描述一件物品的特征等。在这个过程中,学生不仅可以加深对这一结构的理解,还可以提高自己的语言表达能力。

此外,我们还可以引导学生通过查阅词典、阅读文章等方式,来发现更多可以用于这一结构的名词。这样不仅可以增加学生的词汇量,还可以让他们更加深入地理解这一结构的运用规律。

3. 注重实践与反馈

教学实践是检验教学效果的重要手段之一。在教学过程中，我们应当注重组织各种实践活动，让学生在实际运用中巩固和深化对"程度副词+名词"结构的理解。例如，可以组织角色扮演、情景对话等活动，让学生在真实的语境中运用这一结构进行表达。

同时，我们还需要及时给予学生反馈和指导。对于他们在运用这一结构时出现的错误或不当之处，我们应当及时指出并纠正；对于他们的进步和创新，我们应当给予肯定和鼓励。这样不仅可以帮助学生更好地掌握这一结构，还可以激发他们的学习兴趣和积极性。

4. 培养学生的自主学习能力

在教学过程中，我们还需要注重培养学生的自主学习能力。可以引导学生利用网络资源、参考书籍等途径进行自主学习，不断拓宽自己的知识面和提高自己的语言水平。同时，我们还可以组织一些小组讨论、分享会等活动，让学生在交流中相互学习、共同进步。

总之，在汉语"程度副词+名词"结构的教学中，我们应当注重激发学生的学习兴趣和主动性，鼓励他们主动探索、自主发现。通过理论铺垫、实践探索、反馈指导及自主学习能力的培养，我们可以帮助学习者更好地掌握这一结构，提高他们的汉语表达能力。

二、"程度副词+名词"结构的教学态度

在对外汉语教学中，我们经常会遇到一些特殊的语言结构，其中"程度副词+名词"的结构便是一个颇具特色的例子。这种结构在日常交流中十分常见，但其背后蕴含的语言逻辑和文化内涵却常常让学生感到困惑。因此，作为教师，我们需要以积极、耐心和深入的态度来教授这一结构。

首先，我们需要保持积极的态度。对于学生来说，新的语言结构往往意味着新的挑战。作为教师，我们应该鼓励学生勇于尝试，不怕犯错。同时，我们也要以开放的心态接受学生可能提出的各种问题和疑惑，用积极的回应和解释来消除他们的疑虑。

其次，耐心是教授"程度副词+名词"结构必不可少的品质。这一结构的使用往往需要学生具备一定的汉语语感和文化理解。因此，我们不能期待学生在短时间内就能完全掌握。相反，我们需要通过大量的实例和练习，逐步引导他们理解并熟悉这一结构。在这个过程中，我们需要有足够的耐心，不断地重复、解释和纠正，直到学生真正掌握为止。

最后，深入的教学态度也是至关重要的。我们不能只满足于教授这一结构的表面形式，更要深入挖掘其背后的语言逻辑和文化内涵。例如，我们需要解释为什么某些名词可以与程度副词搭配使用，而另一些不能；我们还需要探讨这种结构在不同语境下的使用差异和微妙变化。只有这样，学生才能真正理解并灵活运用这一结构。

综上，教授汉语"程度副词+名词"结构需要我们以积极、耐心和深入的态度来面对。只有这样，我们才能帮助学生更好地掌握这一结构，提高他们的汉语水平。同时，这也是我们作为汉语教师的一种责任和使命。

第三节 "程度副词+名词"结构教学方法的建议

一、明确学生和教师的地位和作用

在"程度副词+名词"结构的实际教学活动中想要得到良好应用，就需要对这个结构的重要性有一个正确的认识，营造良好的课堂氛围，加强师生之间的互动交流。

吕必松认为，教师在教学中发挥着重要的主导作用，学生的学习主体地位应该得以呈现，只有这样，才能够充分调动学生的学习动机和积极性，配合教师完成整个课堂。学生在学习中遇到问题的时候，教师可以帮助学生找到问题所在，并及时采取措施来应对解决，让学生在学习中取得进步和收获，也就是说，教师的一系列行为是围绕学生展开的，目的是满足学生的学习需求①。在对"程度副词+名词"结构的语用功能、用法等知识进行教学时，也同样如此，学生是学习主体，教师需要根据学生的真实学情和需求，来调整教学方案，尽可能地满足学生的需求，增强学生自主学习的能力。"程度副词+名词"结构的生活化、口语化特征较为明显。根据相关调查结果得知，学生会自主使用这个结构，教师会根据学生的实际应用情况，来进行针对性教学，从而获得更好的教学效果。这也符合学生是学习主体的原则，能够让学生在自主探究学习中得到成长。所以，在教学"程度副词+名词"结构内容的过程中，学生是主体，教师为主导。

对于汉语教师而言，可以根据以上原则来实施"程度副词+名词"结构的教学，充分发挥教师引导者的身份，在学生自主探索学习中遇到困难的时候，帮助他们找到正确的方向。教师需要掌握每个学生的真实学习情况，方便制定更具有针对性的教学方案，选择合适的教学方法和辅助工具，以此来提高教学效率。教师在学生学习中扮演着引导者的角色，涉及的工作体现在两个方面：第一，教师通过摸底调查，对学生使用"程度副词+名词"结构的真实状况进行掌握，了解不同学生学情上的差异，实施差异化教学，做到因材施教；第二，教师在教学过程中，观察学生的表现情况，通过课堂评价等方式，了解学生对新知识的接受能力，找到问题所在，方便对之后教学方案进行调整，也可以让学生明白自己存在的不足，提供一对一辅导，帮助学生取得进步。教师根据教学反馈，来明确教学重难点内容，这样灵活地作出调整，可以大大提高教学效率，获得预期的教学成果。"查缺补漏"要求教师在"程度副词+名词"结构教学中，能够根据学生实际掌握的语法点，来检查是否有不完善的地方，对教学流程进行改进。与此同时，教师还应该引导学生对此结构有一个正确认识，把理论讲解和实际应用结合起来，加深学生的印象。

二、注意"程度副词+名词"结构教学的层次性

在对外汉语教学中，教师如果想要让学生在"程度副词+名词"结构

---

①吕必松：《汉语和汉语作为第二语言教学》，北京大学出版社，2007，第93页。

的学习中取得更好的效果，就需要做到层次性教学。想要提高学生的学习能力，灵活地应用"程度副词+名词"结构，需要花费一定的时间和精力，无法在短时间内完成。教师应该对每个学生的真实学习情况有一个了解，实施层次化教学，设立不同的教学阶段，循序渐进地开展，灵活地选择教学策略。

卢福波的观点表明，当"程度副词+名词"结构的教学进入中高阶段时，教学的难度也会提升，会涉及不同的知识点，教师应当注重引导学生提升学习整合能力，把已经学习过的分散知识点联系起来，达到良好的整合应用效果。所以，教师在具体实施"程度副词+名词"结构教学的时候，需要合理设计层次性内容，具体从以下两点落实。

一是突出学生的学习主体地位，考虑学生的真实学习需求，对学生的真实学情进行精准把握。不同的学生，汉语学习能力不同，在教学中可以使用不同的教学方案。比如，对于初学者或者从来没有学习过汉语语法的学生，他们并没有对汉语语法有一个深入了解，没有形成一个整体认知。对于教师而言，教师可以通过略讲的方式，让学生对这个结构有一个初步了解。当进入中高级阶段，学生学习能力较强，基本上对汉语语法知识有一个更全面的了解，在制定教学方案的时候，就可以不考虑基础内容的教学，而是进行更深入的讲解，注重分散知识点的整合利用，适当地增加难度，与学生的学习能力相适配，又能激发学生的学习兴趣。学生对"程度副词+名词"结构特点和组合方式了解后，教师就可以讲解不同语义的特点，划分的不同类型，具体的成分属性等内容。

二是根据教学取得的成效，确定不同的教学阶段，设计不同的教学内容，选择相匹配的教学策略。如果处于初期教学阶段，汉语教师在具体教学的时候，可以通过略讲的方式，让学生主要感知结构的构成特点，有一个初步的认识，学生通过学习就可以了解到这种结构使用较为普遍，尤其是在生活中比较常见，不能认为这种结构是错误的使用。进入教学中后期阶段，汉语教师在对"程度副词+名词"结构教学的时候，就需要改变教学策略，讲解内容更加细致，并且注重讲解内容的较深层次，这样学生就可以从整体角度对"程度副词+名词"结构有一个更加全面的认知，并能够尝试在生活场景中得到使用。对于教师而言，还需要在教学中进行适当拓展，除了讲解一些经典案例，还应该结合实际，选择一些大家比较熟悉的素材进行整合利用，这样可以提高学生的学习积极性。

三、避免以"习惯"和"约定俗成"搪塞学生

"程度副词+名词"结构并不是常规用法，这就导致很多学生对此结构存在误解，认为这种结构使用错误，不符合常用语法的特征。对于汉语教师而言，需要在日常教学活动中，让学生对"程度副词+名词"结构有一个正确的认识。但有些教师，自身对此结构了解不够深入，对于学生提出的疑惑，也无法给出一个合理的解释，甚至会用"习惯""约定俗成"等理由来搪塞学生。

陆俭明认为，在进行对外汉语教学过程中，教师不能把"汉语使用习惯"作为理由，向学生解释汉语语法结构使用中的问题①。在具体实施"程度副词+名词"结构教学的过程中，主要目的就是让学生能够明白这个结构形成的特点与合理性，从而在生活中得到灵活应用，这才是学习目的。如果教学者不能清晰正确地解释其中的道理，选择搪塞的态度面对学生，就会让学生感到疑惑，学生的学习积极性也会受到影响，无法取得良好的学习效果。甚至会让外国学生认为汉语语法没有规律，而是根据习惯来作出改变，不利于学生掌握这种特殊结构。所以，教师在"程度副词+名词"结构的教学当中，一定要做好充分的教学准备，加深自身对结构的认知和理解，有一个清晰的思路，对学生可能提出的问题进行大致的了解，提前想好回答内容，以此来提高教学效率。教师还应该实事求是，耐心解答学生提出的问题，通过不同的渠道和途径来找到答案，再向学生讲解，不能以敷衍的态度对待学生。

---

①陆俭明：《汉语教员应有的意识》，《世界对外汉语教学》2005 年第 1 期。

四、优化教学内容的编排与设计

(一)合理安排教学内容

想要达到更好的教与学目标,需要合理安排教学内容,让"程度副词+名词"结构的教学思路变得更加清晰。

首先,从宏观维度展开分析,可以把"程度副词+名词"结构纳入中级汉语水平学生的学习范围内。通过调查结果得知,一些汉语水平是中级的学生,通过"程度副词+名词"结构的学习,可以在一定程度上提高这种结构使用的正确率,意味着对于中级汉语水平的学生来说,具备学习"程度副词+名词"结构的前提条件。所以,需要在对外汉语教学中,把"程度副词+名词"结构教学内容添加其中,进行知识拓展。在具体教学中,汉语教师需要考虑学生的真实学习情况,对教学内容进行合理筛选,提高教学资源的利用率,帮助学生提高学习能力。

其次,在实际教学中,应该选择合适的示例进行辅助教学,需要考虑到名词描述性语义所具备的特点,按照先后顺序规律进行筛选。在"程度副词+名词"结构中,名词的描述性语义特征涉及不同的类型,不同类型的具体使用方法和构成也有区别,需要合理设计教学示例,让学生按照一定的规律来展开学习,把直陈式和引申式划分到一个类型,附加式确定为另一个类型。

如果在"程度副词+名词"结构中涉及的名词,属于直陈式和引申式这种类型,那么在设计教学示例的时候,就需要考虑到学习上的递进关系,理解难度应该是由低到高。通常情况下,直陈式描述性语义特征在应用过程中,采取直接描述使用的方法,主要是因为指称义和名词之间的联系更加直观。所以,在"程度副词+名词"结构的教学中,学生往往更容易理解具备直陈式描述性语义特征的结构。所以,应该把具有直陈式描述性语义特征"程度副词+名词"结构放在前面进行教学,再进行具备引申式描述性语义特征"程度副词+名词"结构内容的学习,按照这个顺序来理解，可以达到更好的学习效果。在具体教学活动中，汉语教师可以让学生通过示例教学，让学生对具备直陈式描述性语义特征的"程度副词+名词"结构有一个大致的了解，然后再适当地提高教学难度，当学生的学习能力得到提升，基本掌握这种结构之后，再逐渐地过渡到具备引申式描述性语义特征"程度副词+名词"结构内容示例的学习上，符合学生的认知发展规律，可以达到更好的教学效果。

具备附加式描述性语义特征的"程度副词+名词"结构内容有其自身的特点，使用数量不多，但是集中程度高，存在较为显著的特定语义属性，同时也具有良好的独立性。所以，通常情况下，在进行教学过程，需要考虑到学生的学情，让学生理解这个结构存在语义特征，通过直接记忆的方式进行学习。从教学顺序上看，可以和具备引申式描述性语义特征的"程度副词+名词"结构内容教学并列起来，放在具备直陈式描述性语义特征"程度副词+名词"结构内容教学的后面，这样排序具有一定的可行性，与学生的理解能力的提升方向保持一致。所以，在实际教学中，可以不直接进行重点教学，而是根据学生的自主探索情况，来灵活地作出调整，当学生问到有关这个结构应用方面的问题时，教师可以针对性地进行解释和说明。这种结构较为特殊，有着固定的使用情况，语义独立属性显著，学生可以自行记忆学习。

以上几种类型的"程度副词+名词"结构存在一定的差异，数量并不相同，所以在选择教学示例的时候，需要根据实际情况作出调整，倾向于选择以直陈式和引申式描述性语义特征名词所组成的"程度副词+名词"结构示例来进行教学，并把以附加式描述性语义特征名词所组成的结构作为重要的讲解补充内容。"程度副词+名词"结构有着非常鲜明的口语色彩，意味着个别结构规范性不强，实际表达的意义不雅。所以，要合理筛选符合教学需求的结构示例，确保表达的意义要正向和积极，减少表达消极意义的示例内容。如果选择的示例存在明显的意义冲突问题，也可以考虑放弃使用。举例说明，"很中国""很绅士"这些结构在教学中使用比较合适，而"很土""很狗血"等表达负面意义的结构，要尽量减少使用数量，或者用其他积极意义表达的结构来替代。在结构示例筛选的过程中，如果存在以下情形，不适合选择：第一，对特定对象进行贬义描述；第二，名词自身意义容易带有争议。如果在教学过程中，遇到这类示例，教师可以选择放弃，不在课堂上进行细致讲解，可以让学生自己探索，或者在课后为学生解答。

（二）丰富更新教学内容

在汉语环境中使用"程度副词＋名词"结构，实际可以选择使用的程度副词较多，名词分类结果也比较丰富。所以，在设置教学内容的时候，需要考虑"程度副词＋名词"结构的特征和教学需求，灵活地选择所需要的示例，保障示例选择的多样性与广泛性，通过不同的示例来引导学生学习，从而取得良好的教学效果，加深学生对"程度副词＋名词"结构的认知和理解。不仅如此，还需要注意示例选择结果不能重复，相同类型的结构不能多次出现，这样就可以扩大学习内容实际覆盖的范围。如果使用的是孤立示例，除了教学大纲要求使用到的特定词汇，还应该深入日常生活场景中，根据使用频率来进行筛选，丰富可使用的词汇内容，把汉语中使用较为频繁的词汇加入其中，选择一些网络中经常使用到的热词，突出词汇的口语性特点，这样就能够很好地保障"程度副词＋名词"结构的丰富性。在大多数情况下，可以直接讲解，对结构所表达的含义进行解释说明，对于学生而言，可以选择使用直接记忆的方法来展开学习。大多数可用在"程度副词＋名词"这一结构中的名词，在教学中都可以将其作为示例来使用，由此可以调动学生的学习积极性，增加汉语学习的兴趣，也能在日常生活中尝试使用，获得更好的学习效果。

与此同时，在"程度副词＋名词"结构教学中，应该重视结构知识点的教学，主要教学的对象应该是具有一定汉语学习水平的中高级的学生，他们对"程度副词＋名词"结构有一定的认知和了解，具备学习结构知识点的前提条件，可以理解汉语词汇中所涉及的一些社会文化知识，这对于他们理解"程度副词＋名词"结构所表达的具体含义有很大的帮助，不仅仅是对本身含义的理解，也能更好地把握"程度副词+名词"蕴含的引申意思。所以，在进行"程度副词+名词"结构教学的过程中，需要根据学生的学习水平和能力，进行内容上的拓展和延伸，让学生对汉语词汇所传达的丰富含义有一个深入的理解，并能够尝试在日常生活场景中得到应用。在具体进行教学内容设置的过程中，需要考虑到"程度副词+名词"结构的特征和使用场景，满足教学的即时性要求。"程度副词+名词"结构并不是固定不变的，随着社会的发展，这个结构也在不断更新升级，学生实际可以接触到的内容也更多样化，尤其是一些新奇有趣的内容被包含在内，可以调动学生的学习积极性。所以，汉语教师在设置"程度副词+名词"结构教学内容的时候，需要对新兴的词汇有一个大致的了解，并且做到与时俱进，掌握更多关于"程度副词+名词"结构知识内容，方便为学生解答各种问题。

（三）合理设置课后习题

合理设置课后习题很重要，课后习题是教材和教学内容的重要补充，可以帮助学生对所学的知识进行强化训练，加深对知识点的认识和理解，不能忽视其存在的重要性。在设置和编排课后习题的时候，需要考虑对应知识点的重要性程度，以此来合理编排和设计，对习题的难度进行合理控制，确保习题的训练和知识巩固方面的作用可以顺利实现。所以，教师应该把"程度副词+名词"结构作为重要的知识拓展手段，通过习题数量的增补，帮助学习者实现知识的有效拓展。值得注意的是，习题的编排应该与所学的知识点匹配起来，逐渐形成一个完整的运行体系。

"程度副词+名词"结构存在着固定形式，学习起来难度并不大，关键在于是否对结构传达的语义进行正确把握，是否明确整个结构的语法成分，这些方面能力的训练，就能够通过课后习题来落实。教师在设置课后习题的时候，需要考虑学生的真实学情，确保以学生的能力可以独立完成作业。除此之外，还需要确保习题设计不能太简单，应该有一定的难度，可以激发学生的自主探究积极性，这样就可以实现利用习题来强化和巩固知识点的目的。在课后习题设计的过程中,"程度副词+名词"结构的题型设计不可单一,可以选择不同的题型来进行优化设计,如填空题、造句题等。"程度副词+名词"结构的语义理解会有一定的难度,存在明显的固化特点,在编制习题的时候,可以倾向于选择填空题或者客观题,以此来训练学生结构语义辨别能力。在判断"程度副词+名词"结构具体充当的语法成分的时候,也可以通过课后习题来进行训练,可以选择造句题来进行强化训练,让学生对"程度副词+名词"结构中使用到的句式特点有一个深入了解,提高整体的认知水平,可以根据结构所处的位置来判断句法成分。

"程度副词+名词"结构课后习题的设计应该遵循多样化的原则。在社会不断发展的过程中,社会文化也在发生变化,一些新的词汇在生活中被使用,有的甚至被列入对外汉语教学范围内,这意味着学生用于巩固训练的题型更加多样化,会以主观题和客观题不同的题型出现。"程度副词+名词"结构存在着明显的口语性特点,在社会发展过程中,语言上的应用也开始发生改变,都处于动态变化中,"程度副词+名词"结构在日常生活中得到频繁使用,这种现象并不少见。所以,在此结构的学习中,想要达到更好的巩固训练效果,就需要从多个不同的题型入手,不断变化题型进行训练,百变不离其宗,能够让学生在训练中,形成整体性的认知,加深对"程度副词+名词"结构的理解,并得到灵活应用。值得注意的是,因为"程度副词+名词"结构口语化特点显著,在具体使用的时候,依旧存在明显的口语化特点。所以,在设置课后习题的时候,也应该在变换题型的过程中,考虑到实际应用上的需求,确保其口语化的特点不会被削弱。可以选择一些情景对话、造句等类型的训练题,这样可以与我们的生活实际紧密关联起来。与此同时,结构中包含不同的名词类别,会影响到"程度副词+名词"结构的语体色彩,尤其是次级类型的口语色彩较为显著。还有一些次级类型会被用在书面语中,有着较强的书面语色彩。所以,需要考虑到不同类型结构语体色彩上的差异性,教师应当根据教学内容和巩固训练需求,来合理地设计课后习题,选择合适的习题类型。举例说明,"很阳光""很个性"这些结构在书面语中用得到，选择作为教学示例比较合理，教师设计题型的时候，可以选择填空题、选择题等，这样可以达到良好的增补效果。对于，"很中国""特别绅士"这些结构示例，口语色彩较为突出，在训练过程中，可以选择看图说话、情景对话等题型来进行训练。

五、重视英语"程度副词+名词"结构作为中介载体的作用

通过对比分析"程度副词+名词"结构在汉语和英语环境中的使用情况可知，虽然汉语和英语的使用环境不同，但是"程度副词+名词"结构在两种语言的应用上存在一些共同之处，也存在一些不同。所以，在对汉语"程度副词+名词"结构内容进行教学的过程之中，与英语环境结合起来应用，可以从两个维度着手落实，一个是相似强化，另一个是相异突出。

"相似强化"主要指代的是教师在进行汉语"程度副词+名词"结构教学过程中，如果可以从英语环境中找到实际案例，教师就可以直接把相似案例作为示例，来进行讲解。学生在知道"程度副词+名词"结构在英语环境用法的基础上，可以进一步强化汉语环境中对"程度副词+名词"结构的理解，提高结构知识的认知水平。举例说明，汉语教师在教学中，如果选择使用"很雷锋"示例进行教学，或者是学生提出与之相似的示例，那么在实际应用的过程中，汉语教师就可以使用英语中的"too May-nard Jackson"或"so Ronald Reagan"展开对比教学，这样可以让学生对"程度副词+名词"结构在不同语言环境中的应用情况有一个清晰的了解，从结构构成上看，都是程度副词和名词构成，从语义上看，具体表达的语义也比较相似，通过整体结构对某个对象的特征进行综合性描述。所以，两种情形都可以使用相似强化的方式进行教学，可以大大减轻学生的学习压力和难度，加深对"程度副词+名词"结构和语义的理解，提高整体上的认知水平。

"程度副词+名词"结构在汉语和英语不同语言环境中使用还有很多不

同之处，尤其是在汉语环境中，某些"程度副词+名词"结构是独有的，可以进行对比，来达到突出强化的目的。教师在讲解这部分内容的时候，应该使用"相异突出"的方法来实施，这样就可以很好地对比分析出差异所在的部分，学生对"程度副词+名词"结构可以有一个更深入的理解，明确其存在的独特性，但只能在特定的语言环境中得到使用。举例说明，在汉语中，"程度副词+名词"结构充当的语法成分并不固定，在不同的句型中，具体语法成分也会有一定的差异。在针对此方面的内容进行教学的时候，汉语教师就应该对比中英环境中此结构的应用情况，让学生意识到，"程度副词+名词"结构在汉语结构中，充当的句法成分更多样，变化更大。教师在讲解的过程中，应该重点强调，方便学生对此方面的内容进行掌握，对"程度副词+名词"结构所充当的句法成分有一个更全面的了解，增强学生的辨别能力。教师在教学中还应该突出教学内容的主次，把重点放在"程度副词+名词"结构在汉语环境中的应用上，否则学生容易混淆应用环境，无法做到灵活应用。

六、强化"以例为主"的训练

"程度副词+名词"较为特殊，并不是一种常规的结构，如果使用单纯模式进行教学，学生学习起来会有一定的困难，无法理解整体结构所表达的语义。所以，对于汉语教师而言，在"程度副词+名词"结构教学过程中，应该依赖语言材料，合理地筛选示例进行讲解，可以达到更好的教学效果。在实际训练的过程中，也需要做到"以例为主"展开训练，从不同的渠道和途径来获取优质的教学资源，提高教学资源的利用率，丰富示例内容，以不同的类型展开训练，从而加深学生对"程度副词+名词"结构的认知和理解。

"程度副词+名词"结构有其自身的特点，虽然实现过程是唯一的，但是涉及较为丰富的汉语语法知识点，这些知识点的掌握和学习对于提高学习者的汉语学习能力有很大的帮助。汉语教师在教学这些知识点的时候，不仅要讲解其中涉及的语法知识，还应该通过强化训练，来让学生学习到不同的词句类型，形成一个良好的整体认知。在实际讲解语法知识的过程中，学生应该对"程度副词+名词"结构有一个正确的了解，然后再设计训练方案，通过示例训练，帮助学生了解"程度副词+名词"结构的特点和整体语义，达到良好的巩固强化训练效果。所以，汉语教师在实际进行"程度副词+名词"结构教学的时候，需要把语法讲解和结构训练紧密地结合起来，借助示例展开强化训练。

在选择此教学方法的基础上，汉语教师需要合理设置课后习题，与"程度副词+名词"结构教学内容紧密联系起来，对待不同的学生，设计的习题也应该存在一定的差异，注重训练内容的层次性。如果课后训练效果不佳，无法得到预期的效果，教师就需要采取其他的方式进行补充训练，选择类型不同的题型，让学生根据语言材料，分析"程度副词+名词"结构的应用情况，对语句成分进行判断，提高学生的学习能力。"程度副词+名词"结构有其自身的特殊性，在具体应用的过程中，需要考虑到生活实际中的应用场景，达到良好的动态平衡效果，尽可能地覆盖不同的题型，达到良好的综合训练效果。

对于汉语教师而言，还需要针对所学的知识点进行针对性的训练，优化实施流程，根据学生的汉语水平和知识掌握情况，来合理设计训练习题。要控制习题的数量，不能让学生同时做大量不同的题型，学生会容易混淆，达不到巩固训练的效果。教师对不同学生的学习能力有一个正确的认知，在设计"程度副词+名词"结构习题的时候，与学生的学情结合起来，与其认知水平保持一致，这样在对"程度副词+名词"结构应用语义的理解上就不会显得很困难。对于不同的学生，练习题目的难度应该有所差异，按照由简到难的原则来设计，可以让更多的学生对"程度副词+名词"结构有一个正确认知，掌握更多的结构知识点，从而大大助力他们学习汉语知识。

七、指导学生掌握有效的语义理解方法

在前文对"程度副词+名词"结构介绍的过程中，我们就提到了这种

结构的特殊性，对特定对象的特征进行了一定程度的描述，存在特殊的语义。从结构上看，丰富的描述性语义特征可能会受到结构的影响，存在被压制的问题。为了避免这个问题造成较大的负面影响，需要加强对"程度副词+名词"结构的教学，让学生可以对完整结构有一个正确认识，这是教师教学活动中应该关注的一个重要问题。在对外汉语教学中，汉语教师需要考虑到"程度副词+名词"结构的特殊性，选择合适的方式来进行指导教学，增强学生对此结构语义的理解能力。

在"程度副词+名词"结构中包含名词，在名词使用的过程中，会涉及一个层级性流程。想要达到更好的结构语义理解效果，教师就需要充分发挥自身的引导者作用，能够确定一个实施流程，引导学生由简到难地去理解"程度副词+名词"结构所表达的语义，能够在名词理解的基础上，判断结构充当的句法成分，再结合语境来加深理解，这样可以达到预期的语义理解目的。这种方法的使用在应对结构压制问题上也起到一定的效果。在具体实施中，可以从以下三个步骤来执行。

首先，汉语教师应该引导学生对名词所存在的语义特征有一个正确了解。在汉语环境中，名词往往有着多个层面的含义，语义较为丰富。所以，教师应该先让学生对名词所代表的语义有一个正确的了解，这对之后环节的学习有很大的帮助。在具体执行过程中，教师应该让学生明白名词的指称意义，接着引导学生进行猜想，对其他可能存在语义进行推断，教师应该鼓励学生大胆猜想，不要害怕出错，这对培养学生的想象力也有一定的帮助。教师对名词的语义进行统一概括，明确其类型归属，这样学生就能对名词所表达的语义有一个正确了解。

其次，教师还应该引导学生对"程度副词+名词"结构充当的句法成分进行判断，只有明白了句法成分，才能对整个结构所表达的语义有一个更全面的认识。学生根据不同句法成分所具备的功能，来猜测其所代表的含义。教师在引导学生判断"程度副词+名词"结构句法成分的时候，可以让学生自主探索，把自己的猜测结果表达出来，说出句法成分所具有的功能，为语义的判断理解创造有利条件。举例说明，在对示例"他很绅士地打开门。""他穿得很绅士。"进行讲解的过程中,教师应该引导学生找到两个示例句子中的共同部分,引导学生分析这个结构代表的句法成分,前者做状语使用,后者做补语使用。这样就弄清楚了结构的句法成分。接着教师需要引导学生思考,在作为状语的时候,"很绅士"这个结构的使用,主要是描述对象的开门行为动作,用来对动作特征进行描述。当"很绅士"这个结构被用作补语的时候,是对外表特征进行描述,修饰的是具体穿着。"绅士"语义特征也发生了变化,从动作描述变为外表描述。所以,教师应该重视学生对"程度副词+名词"结构语句成分的理解,根据不同句法成分的功能,来判断结构的语义。

最后,教师需要引导学生灵活地使用语境,来分析"程度副词+名词"结构所代表的语义。通过前文分析可知,名词描述性语义被结构压制,所以,最终判断语义特征,需要结合具体的语境来实现。学生在已经知道句法成分的基础上,对语义特征进行掌握,就需要进一步分析语境,深入解析语境内容,与语义特征结合起来,来确定最终判断语义特征。例如,在对名词语义特征的理解上,确定其句法成分,最后利用语境判断最终语义特征,这个过程较为完整,是一个比较严谨的分析过程,在学生理解"程度副词+名词"结构语义上起到一定的作用。

八、与文化教学及趣味教学相结合

通过前文分析可知,对外汉语在具体教学中,"程度副词+名词"结构内容教学比较适合中高级汉语水平的学生,这类学生基本上掌握了"程度副词+名词"结构的构成特点,对句法成分及功能都有一定的了解,具备学习"程度副词+名词"结构内容的条件,通过"程度副词+名词"结构的教学,可以满足学生的学习需求,对于提升他们的汉语学习水平有一定的帮助。

这个阶段的学生,汉语能力得到增强,所以会进一步刺激他们对汉语学习的需求。"程度副词+名词"结构所代表的语义比较深厚,只有在明白结构构成和汉语文化知识的基础上,才能正确理解其含义。举例说明,在

"很阿 Q"示例教学的时候，很多学生无法理解所代表的含义，是因为他们对"阿 Q"理解不到位，没有意识到他是一个人名，是中国文学作品中的一个典型人物，也无法明白这个人物所具备的特征，只有学习到这个人物，了解到相应的文化知识后，才能理解"很阿 Q"所代表的含义。所以，在实际学习"程度副词+名词"结构的过程中，学生不仅要学习语法知识，而且要学习与此关系密切的文化知识，这样学生可以获得更多汉语知识，挖掘结构背后的文化深意，加深对此结构的理解。

与此同时，"程度副词+名词"结构中虽然涉及一些汉语文化知识，但是从本质上看，并没有脱离语法学习的范畴，需要进行规范化教学，但又不能只局限于这种教学方式，应该做到创新，营造良好的课堂氛围，调动学生学习的积极性，达到预期的教学目标。

汉语教师在实际教学"程度副词+名词"结构内容的时候，应该从自身做起，通过不同的渠道和途径，加深对"程度副词+名词"结构的学习，提高相应的认知水平，只有这样，才能在教学中，充分发挥自身的能动性和主动性，选择合适的教学示例，活跃课堂教学氛围，调动学生学习的积极性，增强学生的学习动机。需要明确的是，"程度副词+名词"结构有其自身的特点，在教学中，不能直接把字拆分出来理解，而是需要考虑到整体结构的属性，从整体结构的角度来理解。"程度副词+名词"结构比较短小，但是实际表达的含义却比较精练，结构形式较为固定，在教学中，不能使用一般的语法教学方式，而是需要根据"程度副词+名词"结构的特点，来灵活地选择教学方法，达到预期的教学效果。尝试着使用不同的教学模式，把不同教学方法的优势结合起来，为达成教学目标创造有利条件。教师还应该关注学生的学习状态，选择的教学方法应该可以调动学生的学习积极性，形成良好的师生互动效果。教师应该有计划地展开专题训练，借助结构示例来引导学生自主探索学习，丰富示例内容，使用不同的方式开展教学。另外，学生可以分享自己的探究成果，表达自己的看法，对示例中结构的句法成分、结构语义等进行分析，并挖掘示例背后的文化内涵。这样就可以调动学生的学习积极性，达到更好的学习效果。

结 束 语

首先，通过对汉英语言中"程度副词+名词"这一语言现象的深入研究，不难发现，尽管汉语和英语属于截然不同的语系，但在语言表达的某些方面，两者却展现出了惊人的相似性。程度副词与名词的结合，不仅丰富了语言的表达方式，还使得表达更加生动、具体。

其次，由于文化背景、语言习惯等因素的差异，汉英两种语言在"程度副词+名词"的使用频率、搭配选择及表达效果等方面又呈现出明显的不同。

最后，在对比研究中，笔者采用了定性与定量相结合的研究方法，通过对大量语料的分析与归纳，得出了一系列有价值的结论。这些结论不仅有助于读者更好地理解和把握汉英两种语言的本质特征，也为跨语言交际和文化交流提供了一些有益的参考。

然而，任何研究都不可能做到尽善尽美。在本书的研究中，笔者也遇到了一些困难和挑战。例如，由于语料来源的多样性和复杂性，笔者在语料收集和处理方面花费了大量的时间和精力；此外，由于篇幅和时间的限制，笔者未能对所有相关问题进行深入的探讨和分析。

展望未来，笔者认为，对于"汉英语言中'程度副词+名词'构式的对比研究"这一课题，仍有很大的研究空间和潜力。笔者认为未来的研究可以从以下三个方面展开：第一，可以进一步拓展语料来源和范围，以提高研究的代表性和普遍性；第二，可以运用更加先进的研究方法和技术手段，对"程度副词+名词"的构成和使用进行更加深入和细致的分析；第三，可以将研究成果应用于实际的语言教学、翻译和文化传播等领域，以促进汉英两种语言的交流与融合。

　　总之，本书虽然取得了一定的成果，但仍有待进一步深入和完善。笔者期待未来能够有更多的学者和研究者加入这一领域，共同推动汉英语言对比研究的发展。

参 考 文 献

［1］白莹. 面向国际中文教学的"程度副词+名词"构式研究［D］. 汉中：陕西理工大学，2023.

［2］陈红燕，陈昌来."调教"的语义演化和"NP_ 受调教"的构式化——兼论当代汉语构式演化的"异态"性［J］. 中国语言学报，2023（00）：35-52.

［3］蔡玲玲."程度副词+名词"结构形成的依据及有限性［J］. 汉字文化，2023（5）：131-134.

［4］蔡玲玲. 现代汉语"程度副词+名词"结构理解的研究［J］. 汉字文化，2022（21）：26-29.

［5］陈羽."程度副词+名词"在微博中的语义分析［J］. 文化创新比较研究，2023，7（7）：53-56.

［6］陈琳，刘富华. 构式视角下短时突发义时间副词研究［J］. 学习与探索，2023（9）：173-179.

［7］代宗艳. 汉语主观极量构式"再 X 不过"［J］. 青海师范大学学报（社会科学版），2023，45（6）：114-121.

［8］冯真真."程度副词+名词"结构之类型和语义、语用［J］. 黎明职业大学学报，2018（4）：35-40.

［9］侯小华. 极性程度副词"绝顶"的词汇化和语法化［J］. 文化学刊，2023（1）：189-193.

［10］王珊. 现代汉语程度副词修饰名词特征分析及理据解释［J］. 汉字文化，2024，（15）：13-15.

［11］李嘉玮. 汉语中程度副词"很"与英语中"very"的对比研

究 [J]. 汉字文化, 2021 (4): 123-124.

[12] 李瑶瑶. 认知视角下现代汉语"程度副词+名词"结构研究 [D]. 长春: 吉林大学, 2023.

[13] 廉菲. 现代汉语"A不了一点B"构式分析 [J]. 今古文创, 2024 (17): 133-136.

[14] 林青, 李小曼, 黄劲伟. "X的X, Y的Y"构式的形、动二分格局及其特征探析 [J]. 喀什大学学报, 2024, 45 (2): 64-70.

[15] 刘华, 刘艳. 汉英错配动宾构式的生成机制及其翻译研究 [J]. 英语广场, 2023 (31): 11-15.

[16] 刘晓云, 彭馨锐. 汉语同义对立构式的话语实现 [J]. 新楚文化, 2023 (27): 79-81.

[17] 刘兴兵. 平行构式的存在理据: 对话句法+认知构式语法的视角 [J]. 湖北师范大学学报 (哲学社会科学版), 2024, 44 (3): 66-70.

[18] 李鑫. 现代汉语评价性换言构式"往X里说" [J]. 成都大学学报 (社会科学版), 2024 (3): 81-91.

[19] 马伟忠. 论汉语构式网络的构建 [J]. 齐齐哈尔大学学报 (哲学社会科学版), 2023 (9): 133-137.

[20] 彭睿. 论元结构构式历时扩展: 复制性准入和调整性准入 [J]. 语言教学与研究, 2024 (3): 42-56.

[21] 潘轶凡. "程度副词+名词"结构的语用演变研究 [J]. 现代语文, 2022 (11): 77-81.

[22] 潘轶凡. "程度副词+名词"的社会使用研究述评 [J]. 宝鸡文理学院学报 (社会科学版), 2022, 42 (3): 88-93; 106.

[23] 乔雪玮. 汉语会话中列举表达的构式属性 [J]. 汉语学报, 2024 (2): 59-72.

[24] 宋作艳. 汉语 N_1VN_2 型复合词的构式解读 [J]. 中国语文, 2023 (5): 531-547; 638.

[25] 吴侠, 邵斌, 王贵. 构式化视角下英语临界复杂介词的固化研

究〔J〕. 现代外语，2024，47（3）：316-330.

〔26〕汪磊，刘忻. 新流行构式"应 X 尽 X"的多角度探析〔J〕. 广州大学学报（社会科学版），2024，23（3）：165-173.

〔27〕魏京津. 现代汉语"程度副词+名词"结构研究〔D〕. 海口：海南大学，2022.

〔28〕王斌. 现代汉语极量评价义构式"×天花板"研究〔J〕. 新楚文化，2023（36）：75-77.

〔29〕许秋雯，周丽颖. "程度副词+名词"结构的模糊性分析〔J〕. 汉字文化，2024（9）：66-69.

〔30〕夏娇. "程度副词+名词"在中职语文教学中的应用〔J〕. 语文世界（教师之窗），2023（9）：49-50.

〔31〕邢春燕. "程度副词+名词"构式的认知-语用研究〔D〕. 济南：山东大学，2023.

〔32〕徐峰. 英汉中动构式主语施事性强度的比较研究〔J〕. 西安外国语大学学报，2024，32（1）：20-26.

〔33〕杨坤. 英语双宾构式能产性的信息结构限制〔J〕. 外语教学与研究，2024，56（1）：64-75；159-160.

〔34〕闫长红. 力动态视角的英语结果构式限制研究〔J〕. 东莞理工学院学报，2024，31（2）：46-51.

〔35〕余梓瀚，陈勇. 汉语复叠型加量构式"成 A 成 A"探析〔J〕. 台州学院学报，2024，46（2）：50-56.

〔36〕杨氏检. 宏观视野下现代汉语、越南语程度副词比较研究〔J〕. 当代外语教育，2023（00）：169-178.

〔37〕朱磊. 现代汉语"程度副词+名词"组合的研究综述〔J〕. 台州学院学报，2020，42（1）：49-54.

〔38〕张易. "程度副词+名词"结构及其对外汉语教学研究〔D〕. 南京：南京大学，2019.

〔39〕张琳鹏. 基于概念整合理论浅谈对"程度副词+名词"结构的再

认识［J］.青年文学家，2020（36）：191-192.

［40］朱磊."程度副词+名词"组合研究［M］.杭州：浙江大学出版社：2020.

［41］朱磊.现代汉语程度副词三种新功能的综合分析［J］.台州学院学报，2021，43（4）：56-61；68.

［42］曾宪朴."程度副词+名词"结构的汉英对比分析及对外汉语教学探索［D］.长沙：湖南大学，2021.

［43］朱琳，甄晓歌.语料库驱动下的"程度副词+名词"现象研究［J］.河北大学成人教育学院学报，2023，25（4）：111-119.

［44］詹芳琼.从构式角度看立场话语标记"本来"的形成［J］.清华语言学，2023（00）：113-132.

［45］仲林林.构式的类推及重新分析与词义演变的关系［J］.湖州师范学院学报，2024，46（1）：87-95.

［46］赵彧.汉语的功用构式"N_1 不能当 N_2V"［J］.汉语学报，2024（02）：26-37.

［47］钟书能，陈诗琪.英语非现实超级构式认知建构机制研究［J］.外语教学与研究，2024，56（2）：189-200；318.